バフェット解剖

世界一の投資家は長期投資ではなかった

前田昌孝

宝島社新書

まえがき

「株式投資なんて、とてもとても……」

読者の皆さんのなかには、そうお考えになっている方もいらっしゃるかもしれません。しかし、ウォーレン・バフェットさんという米国の著名な投資家が２０２３年4月に久しぶりに来日したという話は、ネットニュースやテレビで見聞きした覚えがあるでしょう。日本の商社株を買っていて、「これからも買い増すつもりだ」と話していました。

長年、『日本経済新聞』の記者として株式市場の動きを追いかけてきた筆者も驚きました。「衰退途上国」ともいわれている日本の株式に、あのバフェットさんが関心を示すなんて、これまでにほとんどなかったし、これからもないだろうと思っていたのです。

バフェットさんはかくしゃくとされていますが、２０２３年8月30日に93歳の誕生日を迎えたご老体です。投資家ですから、投資の現場をきちんと確認することは大切だと考えているでしょうが、それにしてもはるばる太平洋を渡って日本までやってきたことに感動しました。

そのバフェットさんの行動が世界の投資家に何らかの影響を与えたのかもしれません。日経平均株価という、東京株式市場に上場している企業の株価が全体としてどう動いているかを示す株価指数が、２０２３年７月には１９９０年３月以来約33年ぶりの高値まで上昇しました。

現役で働いている皆さんが引退し、年金生活に入ろうというころ、日本の年金制度がどうなっているかは見当がつきません。すでに66歳になった筆者は年金受給年齢ではありますが、「こんな年金では、耐乏生活しかできないなぁ」と思っていますから、若い皆さんは雀の涙のような年金しか受け取れないかもしれません。

しかし、バフェットさんのようにしっかりと投資をし続け、ひと財産築けば、老後は安泰かもしれないという想像はできるでしょう。そして「株式投資なんて、とてもとても……」と思っている皆さんにも、第一歩が踏み出せるような環境が急速に整ってきたのです。

1つ目は、「NISA（少額投資非課税制度）」です。2014年に制度が始まって段階的に拡充されてはきたのですが、これまではちょっと使いにくい制度でした。2024年にはこれが大幅に衣替えされ、投資元本の金額で毎年最大360万円まで、非課税で投資できるようになります。

2つ目は、ごく少額から投資できるサービスが次々に提供され始めたことです。通常、株式は100株単位の売買なので、株価が1万3000円ぐらいのソニーグループの株式を買おうと思えば、最低でも130万円が必要です。しかし、複数のオンライン証券会社は「ミニ株」などと称し、1株から買えるサービスを展開しています。ポイント投資といった仕組みもあります。楽天ポイント、Tポイント、dポイントなどを1ポイント＝1円に換算して、現金を使うことなく、個別株や投資信託を購入する仕組みです。ミニ株も含め、売買手数料を無料にする証券会社も出てきました。

3つ目は、株式を仮に100株ずつ買うにしても、少しでも少額で買えるように、企業が相次いで株式を分割していることです。株式を分割すれば企業の発行済み株式数が増えますが、株価水準は低くなります。

たとえば、2023年7月1日に1株を25株に分割したNTTでは、それまで100株を買うのに40万円ぐらいが必要でしたが、分割後は1万6000円程度で買えるようになりました。「小学生のお年玉くらいの金額で買ってほしい」という狙いのようです。

こうした一連の「対策」による効果は上々です。現在のNISAのなかに、積立預金のように、毎月など定期的に投資信託を買って積み立てていく「つみたてNISA」という仕組みがあります。2014年から始まったNISAに、2018年に追加されたものなのですが、2023年3月末現在で口座の保有者は781万1060人にもなりました。

特に30代の口座保有者は221万2893万人にもなっています。30代の人口に対する普及率は16・4%に達しています。なかには「いったん始めたけれどもやめちゃった」という人もいるかもしれませんが、30代の6人に1人が投資信託の積立投資をしている、あるいはしたことがあるというわけです。

個別株投資をする若い人たちも、かなりのペースで増えています。集計の都合で外国株だけを持っている人や、日本株でも決算が3月期以外の企業の株式だけを持っている人は含まれていませんが、2023年3月末現在で日本には1346万人の個人株主がいます。3年前の2020年3月期末に比べて8・8％増えました。

特に30代の株主は79万3904人から108万2626人へ3年間で36・4％も増えました。30代の人口に対する割合も2020年が5・6％、2021年が6・6％、2022年が7・5％、2023年が7・9％と急速に高まっています。人数は少ないですが、20歳代の株主はもっと勢いよく増えています。

筆者は2022年1月末まで記者として日本経済新聞社に勤めていましたので、株式投資をしたことはありませんが、読者の皆さんにはぜひ投資に取り組んでほしいと思っています。投資信託の購入や積立投資もいいですが、できれば個別株投資をしてほしいです。結果は運次第という側面もありますが、不運だったとしても人生の経験値を高めることができるからです。

株式投資が面白いのは、初心者だろうがベテランだろうが、儲かるチャンスが平等に開かれていることです。バフェットさんですら、さまざまな失敗をやらかしています。「えっ?」と思われるかもしれませんが、投資の勉強を積み重ねれば、成功の確率が高まるというものでもありません。プロが勝って素人が負けるようなものでもありません。

投資には必勝法もありませんし、必敗法もありません。先行きの展望をもっともらしく語る人はたくさんいますが、相場にしても経済にしても本当に先行きを読める人なんて誰もいません。もし、チャンスが平等に開かれていなければ、よほどの好事家以外は株式投資に挑もうなどとは思わないでしょう。

ただ、せっかく株式投資をするのですから、人生の経験値を高めるためには、しっかり勉強して取り組んだほうがいいと思います。成功したとしても失敗したとしても、その要因をきちんと分析する努力を惜しまなければ、日本経済や企業経営に対する理解を深めることができるでしょう。

経験の重みは金言となり、ひょっとすればバフェットさんのように、多くの人に耳を傾けてもらえるようになるかもしれません。

筆者にも株式投資をしていたことでずいぶんお金持ちになった友人もいますし、自信過剰になってあれこれ手を広げた挙句、財産の大半を失った知人もいます。投資をしなければお金持ちになれないことは確かですが、投資をすれば必ずお金持ちになるわけではないということも頭に入れておいてほしいと思っています。

人生にはお金持ちになることよりも大事なことがたくさんあります。バフェットさんから学ぶべきことも、個別具体的な株式投資のノウハウではなく、バフェットさんが株式投資をどう考え、人生にどう生かしているかといったことではないでしょうか。

バフェットさんは必ずしも割安株の長期投資家ではありませんが、考え抜いて投資をする人であることは間違いありません。成功したからといって有頂天になるような人でもありません。バフェット流を知り、自分なりの投資スタイルを身につけ、新NISAを思う存分活用していい人生を送る、これに尽きます。

本文に移る前に、1つだけ「よくある質問」にお答えしておきます。本書ではバークシャー・ハザウェイが米証券取引委員会（SEC）に提出した保有銘柄報告書（13F）や四半期報告書（10Q）、年間の決算報告書（10K）、バフェットさんがバークシャー・ハザウェイの株主にしたためた「株主への手紙」などの記載内容を説明しています。

インターネットのどこを見たら、その原典が見られるのかといいますと、もちろん米証券取引委員会がサイト内に用意している「EDGAR（エドガー）」というシステムで見つけることができるのですが、もっと簡単にバークシャー・ハザウェイのIR（インベスター・リレーションズ）のページからたどっていくこともできます。

インターネットの検索窓に「Berkshire Hathaway IR」と入力してみてください。図1のようなサイトが出てくるはずです。「保有銘柄報告書」を見たければ、左列の上から3番目の「Link to SEC Filings」を選択します。「四半期報告書」や年間の「決算報告書」を見たければ、左列の上から2番目の「Annual & Interim Reports」を選択します。「株主への手紙」を見たければ、右列の上から4番目の「Warren Buffett's

図1　バークシャー・ハザウェイの投資家向け広報活動（IR）のサイト

BERKSHIRE HATHAWAY INC.

3555 Farnam Street
Omaha, NE 68131
Official Home Page

（ページの左側の記載内容）
A Message from Warren E. Buffett
Annual & Interim Reports
Link to SEC Filings
Special Letters from Warren & Charlie RE:Past, Present and Future
Corporate Governance
Sustainability
Berkshire Activewear

（ページの右側の記載内容）
News Releases from Berkshire Hathaway and from Warren Buffett
Annual Meeting Information
Berkshire Hathaway Energy Investor Presentations
Warren Buffett's Letters to Berkshire Shareholders
Charlie Munger's Letters to Wesco Shareholders
Celebrating 50 Years of a Profitable Partnership
Common Stock Information
Facts Regarding Berkshire's 2021 Investments in Activision Common Stock

Letters to Berkshire Shareholders」を選択します。

英語ですから、とっつきにくいという人もいるかもしれません。「株主への手紙」などは日本で報道されるのは、ごく一部ですから、翻訳ソフトを上手に使いながら、全体を読み通すことをお勧めします。

目次

第2章 バークシャーの現実

第3章 ちょっと分析してみましょう

第4章　四半期ごとの投資収益の分析

第5章　バークシャーの運用の特徴

第6章　バフェット指標に映る警戒感

第7章　バフェットさんから学ぶこと

第8章　新NISAにどう生かすか

※本書で紹介している内容は特別な表記がない限り、2023年8月31日現在の情報や考察に基づくものです。本書は資産運用に役立つ情報を掲載していますが、あらゆる意思決定、最終判断は、ご自身の責任において行われますようお願いいたします。ご自身の投資で損害が発生した場合、株式会社宝島社及び著者は一切、責任を負いません。また、本書の内容については正確を期すよう万全の努力を払っていますが、2023年8月31日以降に相場状況が大きく変化した場合、その変化は反映されていません。ご了承ください。

第1章　株式投資は何のためか

合理的な価格で買う

バフェットさんについて本を書くにあたって、株式投資の目的について何か語っていないかを調べてみました。バフェットさんは会長兼最高経営責任者（CEO）として、バークシャー・ハザウェイという投資会社を経営していて、前年の経営実績を報告するために、毎年2月の最終土曜日に「株主への手紙」をしたためています。

バークシャー・ハザウェイの株主に英語で宛てたものですが、ホームページを通じて一般にも公開されており、誰でも読むことができます。1997年2月28日に発信された1996年版に、次のような表現がありました。

「投資家としての目的は、わかりやすい事業をしていて、5年、10年、20年後に今よりもかなり多くの利益を稼いでいるだろうと思われる企業の株式を、合理的な価格で買うことに尽きる」

どうでしょうか。「その通りだ」とお考えになる方が多いかもしれません。このとき、1930年生まれのバフェットさんは65歳。もう投資家としては大ベテランの域に入っていたでしょう。そして改めて「株主への手紙」でこんなことを強調されるのは、利益が成長しそうな企業の株式を割安な今のうちに買うという行為が、当たり前のように見えて、いかに難しいかを身をもって知っていたからではないかと思います。

このように筆者が感じるのは、この後に次のような言葉が続いているからです。「長年やってみると、あなたも、これらの基準を満たす企業はほんの少ししか見つけることができないとわかるでしょう。そしてもしこれはいけると感じたのならば、十分に意味がある量の株式を買う必要があります。決して自分が定めた基準からの逸脱を許してはなりません。もしある株式を10年も持ち続けるような気になれないのならば、わずか10分でも持とうと考えてはなりません」

価格差の追求ではない

日本では株式投資の目的を問われると、「家計の金融資産を貯蓄から投資に動かして経済を活性化させるため」とか「老後の資金不足を補うためには多少のリスクをとっても証券投資をしなければならないため」といった答えが返ってきそうです

図2　日米欧の家計の金融資産構成（2023年3月末）

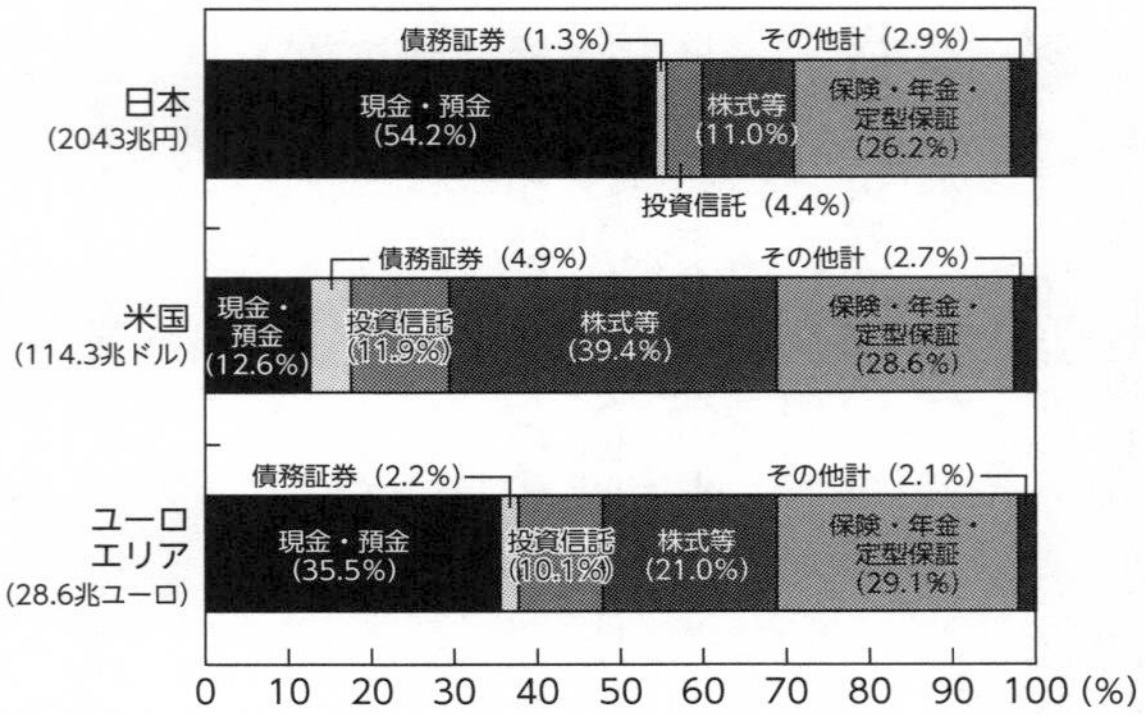

注：金融資産合計に占める割合（%）。「その他計」は、金融資産合計から「現金・預金」「債務証券」「投資信託」「株式等」「保険・年金・定型保証」を控除した残差
出所：日本銀行調査統計局「資金循環の日米欧比較」

が、バフェットさんの言葉からは、そんな「解説」は見当たりませんでした。

資本主義の本山である米国では、株式相場が右肩上がりになることは当たり前になっています。よほどの事情がない限り、金融資産を銀行預金に塩漬けにするなどという考え方はなさそうです。

図2は、日銀が2023年8月25日に公表した「資金循環の日米欧比較」から引用したものですが、米国は改めて投資の意義を問わなければならないような状況ではないように見えます。

だから、「何のために株式投資をす

るのか」などが話題になるのは、日本独自かもしれません。最近はやりのバフェットさんの発言も、そもそも何のために投資をするかといった話ではなく、投資で成功する秘訣をどう考えるかという話になっていました。

ただ、これから株式投資に取り組もうと考えている皆さんは、バフェットさんが「利益が成長しそうな企業の株式を合理的な価格で買う」と強調したことはしっかり覚えておいてほしいと思います。決して「安く買って高く売ること」などとは言わなかったことは非常に重要です。

どちらにしても値上がり益を求めているのに、何が違うのかとお感じになるかもしれません。でも投資態度の点で、この2つは似て非なるものなのです。企業の将来性に着目し、割安に見える今のうちに買うのがバフェットさんの考える株式投資であって、単に価格差を追い求めることが投資ではないというわけです。

投資と宝くじとの違い――投資は博打とどう違うか

新しく投資を始めた人たちに有益なのは、どんなメッセージでしょうか。まず投資と博打《ばくち》とは同じかどうかを考えてみます。というのも、どちらも大儲けする人もいれば、大きな損失を出す人もいます。イカサマはないということを前提にすれば、どちらも儲かるかどうかは確率の話です。しかし、「投資の名人」「投資の神様」などと呼ばれる人はいますが、「宝くじを買う名人」などは聞いたことがありません。なぜでしょうか。筆者は大きな誤解だと考えていますが、投資は勉強すればするほど成功する確率が高まると思っている人が多いからではないでしょうか。バフェットさんは、この世界では神様だとあがめられています。確かに巨万の富を持つ資産家であり、投資家の間でその発言は金言だと受け止められています。

しかし、経営者としてバークシャー・ハザウェイという保険会社を大きくした手腕は大いに評価すべきですが、値上がり銘柄を当てる力がそれほどあるわけではありません。バークシャー社は2023年6月末現在、46銘柄を保有しています。1998年12月末以降に保有を確認できる銘柄は199ありますから、199から46を引いた153銘柄はすでに手放したということになります。

その153銘柄について、買ってから手放すまでの期間(保有期間)の株価上昇率がS&P500などの市場平均を示す指数（ベンチマークと呼ばれます）に勝っていたかどうかを調べてみると、過半は負けていました。

バフェットさんも負け越し

神様といえどもこの程度の戦績にとどまるほど、株式市場で値上がり銘柄を探り当てるのは至難の業なのです。というよりも、買った銘柄がベンチマーク以上に値上がりするかどうかは確率の問題であって、投資家の能力とは無関係です。こんなことを書くと、日本個人投資家協会の重鎮から「でたらめを言うな」としかられるかもしれませんが、株式投資の偶発性がいかに高いかの証拠はいくらでも出すことができます。

それならば、「つみたてNISA」などはやめて、「つみたて宝くじ」でもやったほうがましなのではないか、という声が出てくるかもしれません。しかし、投資と宝くじとの間には、偶発性以外の大きな違いがあります。宝くじで抽選会後に当選者に渡される賞金の総額は、宝くじの購入者が払い込んだ「掛け金」の総額から、経費や発売元の自治体に支払われる「収益金」を差し引いたものです。賞金総額は掛け金総額の47％程度らしいです。

この点、株式投資の「賞金」総額は、若干、証券会社に手数料を徴収されるものの、基本的に将来の時価総額です。株式の購入後に、株式市場に資金投入する人が増えれば、将来の時価総額は膨らみますから、全体としてプラスリターンになることもあります。もちろん、株式を購入後に市場から資金を引き揚げる人が多ければ、将来の時価総額は目減りします。

投資には「終わり」がない

投資と博打のもう1つの違いは、「終わり」が決まっていないことです。宝くじでもほかの博打でも、必ず一定期間後に勝ち負けが決まり、利益や損失が確定します。株式投資でも機関投資家の場合は、決算期末には保有株を時価評価しなければなりません。博打の勝負とは少し違いますが、その結果をもってプロとしての能力が評価され、ボーナスや次のポストが決まりますから、「終わり」があるといえます。

このような「終わり」がないのはもっぱら個人の特典です。

もちろん、なけなしのお金で投資していたら、換金時期を選べる自由度はありませんから、「終わり」がない特典をフルに生かすには、余裕資金で投資することが何よりも重要です。「それでも購入時よりも値下がりしていたら、我慢できない」という声もあるでしょう。

それはそれでお気の毒ですが、リスク商品への投資はもともとそういうものです。そもそも投資に限らず、人生には運不運は付きものです。仕事、結婚、子育てなど、失敗する可能性がある人生のイベントは山ほどありますし、「何よりも健康が大切」と健康づくりに力を入れる人も多いですが、長寿が約束されているわけではありません。

その意味では人生そのものが偶発的なものであり、将来がどうなるかは予想できないのです。将来を知りたいというニーズがあまりにも大きいから、占い師だけではなく、さまざまな予想屋の商売が成り立つのです。証券会社、宗教家、エコノミスト、予備校なども将来をコントロールしたいという人間の欲望に応えることで成り立つ仕事のように感じます。

もう1つ投資と博打とが違うのは、博打の場合、負けたら普通、掛け金はまったく返ってきません。投資は、信用取引を利用して手元資金以上の相場を張り、資産を根こそぎ失うような愚を犯さない限り、経営破綻を免れた企業の株式には何らかの価値が残っているでしょう。塩漬けにしたまま生涯を閉じても、相続人は喜んで受け取るに違いありませんから、気楽に考えることが大切です。

簡単には儲からない——言うは易く行うは難し

株式投資で稼ぐのは簡単なことなのでしょうか。株価の動向を示したグラフを一般にチャートと呼びますが、図3はソニーグループの過去30年間の値動きを示したチャートです。2022年1月に1万5725円の年初来高値(2022年に入ってから最も高い株価)を付けましたが、まだ2000年3月に記録した1万6950円の過去最高値には届いていないことがわかるでしょう。

チャートを後から見ると、どこで買ってどこで売ったら一番よかったのかなどは

図3　ソニーグループの過去30年間のチャート

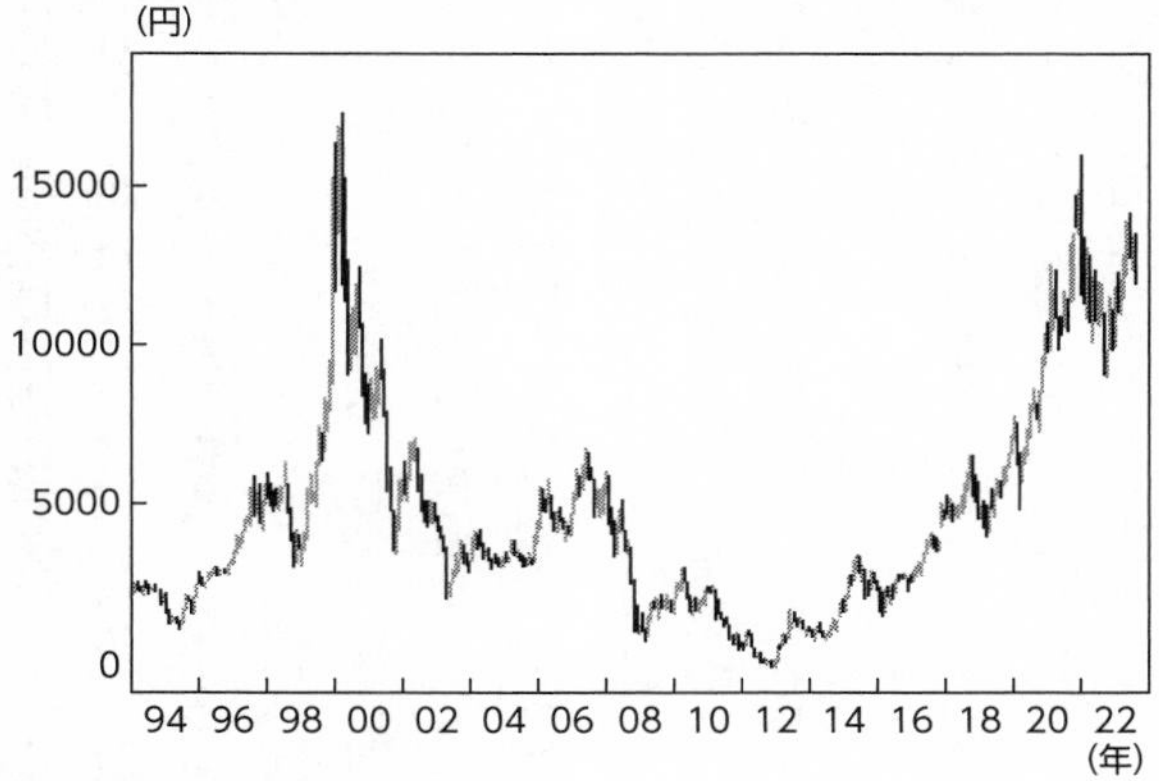

出所：日本経済新聞電子版

簡単にわかります。2000年3月から2022年1月までの間に付けた一番の安値は2012年11月に付けた772円でしたから、このときに買って2022年1月の高値で売れば、投資元本は配当を除いても20倍にもなりました。

しかし、これはあくまでも結果論。「株価が安値を付けたときに、ソニーが復活することは予想できたでしょう」とか、結果が出てからは何とでも言えますが、たとえば、安値を付けた2012年11月の時点で、確信を持ってソニーの将来を見通すことなど誰もできなかったと思います。

後から振り返れば簡単に見えても……

２０１２年11月15日には日経電子版が「ソニー株が一時前日比98円（11％）安の７７２円まで売られた。株式分割を考慮したベースでは１９８０年４月以来、約32年ぶりの安値。前日に１５００億円のユーロ円建て新株予約権付社債（転換社債＝ＣＢ）を発行すると発表。将来の株式転換により１株当たりの利益が希薄化するとの懸念から売りが出た」と報道しました。

11月22日には同じく日経電子版で「欧米系の格付け会社フィッチ・レーティングスは22日、ソニーとパナソニックの長期発行体格付けを『投機的』とされる水準に下げた。両社とも投機的な水準の格付けは初めて。（中略）格付けの見通しはいずれも『ネガティブ（弱含み）』としており、一段の引き下げの可能性がある」との報道もありました。

こんな雰囲気のなかで、ソニーの将来の復活を確信して株式を買うことができた投資家がどれだけいたのかは疑問です。株式を買おうかどうかを検討する「その時点」では、過去のチャートはあっても未来のチャートはありませんから、その後に株価がどう動くかなどはまったく見当がつかないだろうと思います。

逆に過去最高値を付けた2000年3月には、どれだけの投資家が「ここは売りの好機だ」と考えて株式を売却できたのでしょうか。もちろん、タイミングよく売った人もいるでしょうけれども、その株式を買った人もいるわけです。その人たちは「高値をつかんだ」とずっと後悔していたのでしょうね。

あなたが「絶好の買い場」だと思ったときには「絶好の売り場」だと思っている人がいる。あなたが「絶好の売り場」だと思ったときには「絶好の買い場」だと思っている人がいる。このように正反対の考え方を持っている人たちとも競争しながら、少しでも高いリターンをあげようとしているのが、株式投資の世界なのです。

本書の第8章（234ページ）でも詳しく書きますが、株式市場は初心者の失敗の確率が高く、プロの成功の確率が高いような場所ではありません。誰にでも平等に勝てるチャンスは開かれていますが、簡単には勝たせてくれない、そんなふうに考えるべきではないかと思います。

人生の経験値を高める——損をするかもしれないが

何のために株式投資をするかなどは、米国ではあまり根本的な議論になっていないという話を本章の初めの部分でしました。日本では「家計の金融資産を貯蓄から投資に動かして経済を活性化させるため」などと政府がＰＲしていますが、そんなことを言われても、好きでも得意でもないことを無理やりする必要はないと思う人は多いのではないでしょうか。

何のために結婚をするのか、という話と似たようなところがあります。結婚の意義を語る人はたくさんいますし、政府は「少子高齢化に歯止めをかけ、日本経済を活性化させるために」などと言うかもしれません。しかし、そんな大きな目的を推進するために、一人ひとりの生き方が型にはめられたら、たまったものではないでしょう。

好きでも得意でもないことに取り組んで、株価の動きに一喜一憂するような人生はいやだという人もいるでしょうし、老後の人生が株価次第というのは人生設計として受け入れられないという人もいるでしょう。ですから、投資に踏み切るかどうかは本当に好みの問題です。

新NISAが始まることもあって、さまざまなメディアには投資のCMがあふれていますが、いくら同調圧力を掛けられても、納得するまでは動くべきではありません。新型コロナウイルスの流行下でのマスク着用義務などとは根本的に違います。

どうせ始めるのならば、株価がもっと安くなってからにしたいと考えている人もいるでしょう。筆者は今の株価水準が高いか安いかについての判断はしませんが、本書の第6章（176ページ）では「バフェット指標」について解説しています。その水準が、日経平均株価が史上最高値を付けた1989年末並みに高いことは客観的な事実です。

損失を出す可能性を小さくするためにも、「投資を始めるのならば、株価が暴落してから」と考える人がいるのは当然です。

ちょっとだけやってみるか

でも株式投資には「ちょっとだけやってみる」という選択肢があります。結婚はそうはいかないでしょう。離婚する人も増えているとはいいえ、結婚式を挙げるにはお金もエネルギーも必要ですから、気楽にちょっとだけやってみようとは動きにくいです。

この点、証券会社にもよりますが、投資信託でいいのならば最低100円ぐらいから買えますし、個別株投資をする場合には、オンライン証券会社が提供している1株単位の売買（ミニ株などと呼ばれる）を利用する手があります。楽天ポイント、Tポイント、dポイントなどを株式や投信の購入代金に割り当てるポイント投資も可能です。

もちろん投資ですから、いくら少額でも、バフェットさんが言うように「わかりやすい事業をしていて、5年、10年、20年後に今よりもかなり多くの利益を稼いでいるだろうと思われる企業の株式を、合理的な価格で買う」ために努力をすべきでしょう。

株価を追いかける、つまり、今日買って明日売るような投資は、やってはいけないとはいいませんが、少なくともバフェット流ではありません。

ちょっとだけやってみて、面白いと感じたら、もう少し投資額を増やしてみます。銘柄にもよりますが、100株（1単元株とも呼ばれます）を買えば、株主優待の対象になったり、株主総会の案内が送られてきたりするでしょう。

せいぜい数万円ぐらいの投資ならば、失敗したからといっても、損失は飲み会数回で消えてしまう程度の金額でしょうから、人生設計にひびが入るなどということはまったくないと思います。気楽に始めてみて、向かないと思ったらすぐにやめる。しばらく続けてどんなものかイメージがつかめれば、友人との会話のタネが1つ増える、そんな感じで臨むのはいかがでしょうか。

宣伝には惑わされないで！ LINEを通じた悪質勧誘

なぜ筆者が対象になったか心当たりはありませんが、LINEの投資グループに勝手に加えられたことがあります。投資の初心者向けと銘打ち、いかにも専門家らしい人が、注目指標の見方などをいろいろと説明しながら、買いどきとか売りどきとかを指南するという内容です。

すぐに退会してもよかったのですが、筆者はどんなやりとりがされるのか興味があって、1カ月ほどLINE上の会話を読んでいました。LINE上には「先生」と呼ばれる指南役が登場し、最初のうちは「先生、おかげさまで儲かりました。ありがとうございました」といったやりとりが次々に出てきます。

何日か経って、株式相場が急落すると、今度は「先生」から「私のアドバイスに従っていた人は急落前に売り切っていたはずです」などというPRが出てきます。そして本物かやらせかはわかりませんが「おかげさまで売り逃げることができました」といったメッセージが表れます。

その後もしばらく見ていると、「先生に従って短期間に大金持ちになりました。今度、新たに500万円を突っ込もうと思います」とか「投資効率を上げるために、元本を3倍に増やします」といったやりとりが登場します。もちろん入金先も指定されます。ただ、「先生」が誰なのか、終始一貫、わからないのです。

筆者がそのグループから退会した後も、何回か何の断りもなく、別の投資グループに加えられました。いずれも「初心者に投資ノウハウを伝授する」といった設定になっています。こんな手法にだまされる人がいるのかと疑問を感じましたが、お金を振り込んでしまう人がいるから、次々に湧いてくるのかもしれません。

一般メディアも甘い話

投資詐欺はともかくとして、一般メディアにも投資をすれば儲かるような話があふれています。マネー雑誌や日本経済新聞のマネー欄などには新ＮＩＳＡへの対処法を伝える記事がたくさん掲載されていますが、その多くは将来、どんなふうに資産が増えていくのかのシミュレーションで、最低でも「年率３％で増えた場合」を前提にしているように感じます。

毎月の積立額と年率のリターンを入力すると将来の資産額が計算できる、金融庁のホームページの「資産運用シミュレーション」でも、あらかじめリターンの欄に「３％」の数字が書き込まれています（利用者が別の数字を入力することも可能）。

２０２２年から２０２３年にかけてのインフレ局面はともかくとして、日本の名目成長率は１９９４年以降の平均で年０・５％程度です。バフェットさんは株式市場の時価総額は長期的には名目ＧＤＰの成長スピードと同じくらいの割合でしか増えないという考え方を持っています。

「外国株に投資すれば、もっとリターンが上がるのではないか」とかいろいろな理屈はあるかもしれませんが、外国株投資には為替リスクもあります。「投資をすれば少なくとも年率３％のリターンが確保できる」などという前提で人生設計をすれば、どこかで落とし穴に陥らないとも限りません。

このほか、メディアに出てくる投資の経験談は、成功例ばかりを取り上げている印象があります。つみたて投資枠を使った投信積立のように、毎月一定額を投資する「ドルコスト平均法」を賢い投資手法として推奨する記事も多いですが、本書の第８章（２４０ページ）で触れるようにドルコスト平均法にもいろいろなリスクがあります。

「投資は短期的には振れが大きいが、長期で取り組めばいいときと悪いときとがならされて、リターンが安定する」といった説明もよく目にしますが、長期投資のリスクを過小評価しているように感じます。

バフェットさんも簡単にお金持ちになったわけではありませんし、ここ数年の良好なリターンも、アップル株への投資がたまたま当たったからではないかと思わざるをえない面もあります。「運も実力のうち」といえば、それまでの話ですが、実際にバフェットさんの投資内容を分析してみると、学びだけではなく、教訓も多いことがわかります。

第2章　バークシャーの現実

証券投資は事業の1つ

バフェットさんはバークシャー・ハザウェイという投資会社の会長兼最高経営責任者（CEO）です。株式投資だけをしているわけではありません。第1に保険事業、第2に貨物鉄道事業、第3にエネルギー事業、第4に純投資、第5に持ち分法を適用する関連会社の運営です。

もっぱら保険事業は契約者から保険料を徴収してから、実際に保険事故が発生して保険金を支払うまで、資金が滞留しますから、それを純投資や関連会社投資に振り向けているわけです。その点は日本の保険会社の資産運用と似た面があります。

保有銘柄は「フォーム13F」で開示

米国市場での運用額が1億ドル以上の機関投資家は、1975年からどの銘柄を何株保有しているかを米証券取引委員会（SEC）に報告するように義務付けられています。「フォーム13F」と呼ばれています。四半期末の状況を45日以内に報告しなければなりません。

米証券取引委員会に提出した資料は、「エドガー（EDGAR＝Electronic Data Gathering, Analysis, and Retrieval system）」と呼ばれるシステムを通じて一般に公開されています。日本の金融庁にも「EDINET（Electronic Disclosure for Investors' NETwork）」という電子開示システムがありますが、その大先輩に当たります。

フォーム13Fのかなり昔のデータを効率的に入手しようと思うと、専門業者に手数料を支払って取り寄せる必要がありますが、1999年末以降の四半期データはオンラインで開示されているので、インターネット環境さえあれば、誰でも無料で見ることができます。

どんなふうに公開されるのか、図4を見てください。これは2023年8月14日に公開された2023年6月末時点の報告書の一部です。1つの銘柄が何行にもわたって書かれています。たとえば最上段は「アクティビジョン・ブリザード」という発行企業の普通株を金額にして6507万9600ドル、株数にして77万2000株を保有していることを示しています。

図4　バークシャー・ハザウェイ「保有銘柄報告書(13F)」の一部

	保有金額（ドル）	保有株数（株）
ACTIVISION BLIZZARD INC	65,079,600	772,000
ACTIVISION BLIZZARD INC	96,495,850	1,144,672
ACTIVISION BLIZZARD INC	1,068,289,221	12,672,470
ACTIVISION BLIZZARD INC	5,814,930	68,979
ALLY FINL INC	343,558,422	12,719,675
ALLY FINL INC	75,732,664	2,803,875
ALLY FINL INC	114,203,682	4,228,200
ALLY FINL INC	84,730,370	3,137,000
ALLY FINL INC	130,627,113	4,836,250
ALLY FINL INC	34,437,750	1,275,000
AMAZON COM INC	1,078,729,000	8,275,000
AMAZON COM INC	296,699,360	2,276,000
AMERICAN EXPRESS CO	200,319,896	1,149,942
AMERICAN EXPRESS CO	25,966,434,039	149,061,045
AMERICAN EXPRESS CO	243,830,005	1,399,713
APPLE INC	198,985,288	1,025,856

出所：米証券取引委員会「EDGARシステム」

アクティビジョン・ブリザード株は4行に分かれて書かれていますが、全部を合計すると、時価で12億3567万9601ドル分を保有していて、株数では1465万8121株になることがわかります。保有額を株数で割ると、84・30ドルになりますが、これは6月末の保有単価です。実際にアクティビジョン・ブリザードの過去の株価を調べてみますと、確かに6月末は84・30ドルでした。

46銘柄の内訳——金額と株数から全体像を探る

ほかにどんな銘柄を持っていたのでしょうか。報告書を上からたどると、アライ・ファイナンシャル、アマゾン・ドット・コム、アメリカン・エキスプレス、アップルなどを保有していることがわかります。下までずっと見ていくと、全部で保有銘柄数は46にのぼることがわかります。保有金額は総額で３４８１億９４０５万ドル、保有株数は39億８１０万株です。

保有金額の多い順に並べると図５の通りになります。バークシャー・ハザウェイの投資内容については、よくアップルへの集中投資が話題になるのですが、実際に１７７５億９１００万ドルも保有していることが読み取れるでしょう。何と米国市場上場銘柄の時価保有額の51・０%にもなります。

バフェットさんはよく「割安株の長期投資家」と呼ばれ、その具体例としてコカ・コーラ株の長期保有が強調されます。確かにバークシャー・ハザウェイは２０２２

図5　バークシャー・ハザウェイの保有銘柄

銘柄名	ティッカーシンボル	保有額（億ドル）	保有株数（百万株）	保有単価（ドル）
アップル	AAPL	1775.91	915.56	193.97
バンク・オブ・アメリカ	BAC	296.33	1032.85	28.69
アメリカン・エキスプレス	AXP	264.11	151.61	174.20
コカ・コーラ	KO	240.88	400.00	60.22
シェブロン	CVX	193.73	123.12	157.35
オキシデンタル・ペトロリアム	OXY	131.79	224.13	58.80
クラフト・ハインツ	KHC	115.60	325.63	35.50
ムーディーズ	MCO	85.78	24.67	347.72
ヒューレット・パッカード	HPQ	37.14	120.95	30.71
ダビータ	DVA	36.27	36.10	100.47
ベリサイン	VRSN	28.96	12.82	225.97
シティグループ	C	25.43	55.24	46.04
クローガー	KR	23.50	50.00	47.00
リバティメディア	LSXMA	20.77	63.42	32.76
ビザ	V	19.70	8.30	237.48
マスターカード	MA	15.68	3.99	393.30
エーオン	AON	14.96	4.34	345.20
パラマウント・グローバル	PARA	14.91	93.73	15.91
チャーター・コミュニケーションズ	CHTR	14.07	3.83	367.37
アマゾン・ドット・コム	AMZN	13.75	10.55	130.36
キャピタル・ワン・ファイナンシャル	COF	13.64	12.47	109.37
アクティビジョン・ブリザード	ATVI	12.36	14.66	84.30
スノーフレーク	SNOW	10.78	6.13	175.98
ゼネラル・モーターズ	GM	8.48	22.00	38.56

銘柄名	ティッカーシンボル	保有額（億ドル）	保有株数（百万株）	保有単価（ドル）
ヌー・ホールディングス	NU	8.45	107.12	7.89
アライ・ファイナンシャル	ALLY	7.83	29.00	27.01
TモバイルUS	TMUS	7.28	5.24	138.90
DRホートン	DHI	7.26	5.97	121.69
マーケル・ホールディング	MKL	6.52	0.47	1383.18
セラニーズ	CE	6.21	5.36	115.80
リバティメディア	FWONK	5.81	7.72	75.28
ルイジアナ・パシフィック	LPX	5.28	7.04	74.98
フロア・アンド・デコア・ホールディングス	FND	4.97	4.78	103.96
グローブライフ	GL	2.76	2.52	109.62
ストーン	STNE	1.36	10.70	12.74
NVR	NVR	0.71	0.01	6350.62
ジョンソン&ジョンソン	JNJ	0.54	0.33	165.52
プロクター・アンド・ギャンブル	PG	0.48	0.32	151.74
モンデレズ・インターナショナル	MDLZ	0.42	0.58	72.94
ディアジオ	DEO	0.40	0.23	173.48
リバティー・ラテンアメリカ	LILA	0.34	3.91	8.71
バンガード S&P500ETF	VOO	0.18	0.04	407.28
SPDR S&P500ETF	SPY	0.17	0.04	443.28
レナー	LEN	0.17	0.15	112.98
ジェフリーズ・ファイナンシャル・グループ	JEF	0.14	0.43	33.17
ユナイテッド・パーセル・サービス	UPS	0.11	0.06	179.25

注：2023年6月末現在
出所：バークシャー・ハザウェイ「保有銘柄報告書（13F）」

年末現在、米国企業８社の筆頭株主になっていて、コカ・コーラもその１社です。

ちなみにほかの７社はアメリカン・エキスプレス、バンク・オブ・アメリカ、シェブロン、ヒューレット・パッカード、ムーディーズ、オキシデンタル・ペトロリアム（オキシデンタル石油）、パラマウント・グローバルです。

大量保有しているアップルの筆頭株主は投資会社のブラックロック、第２位はバンガード・グループで、バークシャー・ハザウェイは３番目の株主です。

ただ、コカ・コーラの保有額はバークシャー・ハザウェイにとっては上から４番目です。アップルは２０１６年１～３月期に投資を始めました。もう７年間も持っていますから、一般的に考えれば「長期保有」といってもいいのかもしれませんが、93歳のバフェットさんにとっては、まだ買ったばっかりの銘柄です。

というか、46の保有銘柄のうち、バークシャー・ハザウェイが20年以上持っているのは、コカ・コーラのほか、アメリカン・エキスプレスとムーディーズだけです。

しかも、ここ数年の投資収益は完全にアップル依存ですから、もう長期投資家と呼ばないほうが実態を表しているかもしれません。

日本の商社株がない？

もう1つ、先ほどの図5を見て気づいたことはあるでしょうか。2020年8月末に保有を明らかにした日本の大手商社株の名前がありません。実際には、バークシャー・ハザウェイは図6に示す通り、日本の商社株を大量保有しています。中国の電気自動車メーカー・BYD（比亜迪）の株式も大量保有していますが、名前が見当たりません。実は米国の機関投資家が米証券取引委員会に提出する保有銘柄報告書に記載するのは、米国市場上場銘柄だけなのです。

外国企業の株式でも、米国市場に上場していてバークシャー・ハザウェイが米国で購入したものは株式保有報告書に記載されます。ブラジルの金融サービス業のヌー・ホールディングスや、もう売却してしまいま

図6　バークシャー・ハザウェイが保有する日本の大手商社株

	保有株数（億株）	保有金額（億円）	保有比率（%）
三菱商事	1.1950	8273	8.31
三井物産	1.2502	6592	8.09
伊藤忠商事	1.1833	6459	7.47
丸紅	1.4100	3264	8.30
住友商事	1.0121	2912	8.23

注：保有株数と保有比率は2023年6月19日現在、保有金額は8月18日現在
出所：大量保有報告書

したが、カナダの金鉱ビジネスのバリック・ゴールド、台湾の半導体大手・台湾積体電路製造（TSMC）などは、米国企業に交じって公表されました。

報告書に記載されない外国企業もまったくわからないわけではありません。全体の株式保有額は、バークシャー・ハザウェイが3カ月ごとに提出する四半期報告書（10Q）のなかの貸借対照表（バランスシート）に載っています。

四半期報告書によると、2023年6月末現在の株式保有額は純投資3534億900万ドルと関連会社投資274億9300万ドルの合計3809億2000万ドルでした。保有銘柄報告書に記載された米国市場上場銘柄の保有額は3481億9405万でしたから、両者の差の327億7955万ドルは日本の大手商社株を含む外国企業の株式だと推定できます。

大きな投資決断を振り返る

ここでこれまでバフェットさんがどんな投資決断をしてきたのか、歴史的に振り返ってみましょう。図7と図8、さらには第5章に掲載した図40「変わるバフェッ

図7　バークシャー・ハザウェイの投資動向の歴史

時期		バークシャー・ハザウェイの投資動向
1994年末現在		ウェルズ・ファーゴ、コカ・コーラ、アメリカン・エキスプレス、ジレット、フレディマックを継続保有
2000	4～6月期	フレディマックを売却
	10～12月期	ムーディーズに投資
2005	1～3月期	プロクター・アンド・ギャンブルに投資
	10～12月期	ウォルマートに投資。プロクター・アンド・ギャンブルがジレットを買収
2006	1～3月期	コノコフィリップスに投資
	7～9月期	ジョンソン&ジョンソンに投資
	10～12月期	USバンコープに投資
2007	1～3月期	バーリントン・ノーザン・サンタフェに投資
	10～12月期	クラフト・フーズに投資
2008		中国のBYDに投資
2010	1～3月期	バーリントン・ノーザン・サンタフェを事業として取り込む
	7～9月期	ニューヨークメロン銀行に投資
2011	7～9月期	IBMに投資
2012	4～6月期	フィリップス66に投資
2013	7～9月期	エクソンモービルに投資
	10～12月期	ゴールドマン・サックスに投資
2014	4～6月期	チャーター・コミュニケーションズに投資
	10～12月期	コノコフィリップスとエクソンモービルを売却
2015	7～9月期	クラフト・フーズがクラフト・ハインツに合流
2016	1～3月期	アップルに投資
	7～9月期	アメリカン航空、デルタ航空、ユナイテッド航空に投資
	10～12月期	サウスウエスト航空に投資
2017	7～9月期	バンク・オブ・アメリカに投資
2018	1～3月期	IBMを売却
	7～9月期	JPモルガン・チェースに投資
	7～9月期	ウォルマートを売却
2020	1～3月期	フィリップス66を売却
	4～6月期	バリック・ゴールドに投資。航空会社4社を売却、ゴールドマン・サックスを売却
	7～9月期	ファイザー、メルク、日本の大手商社に投資
	10～12月期	シェブロン、ベライゾンに投資。ファイザー、JPモルガン・チェース、バリック・ゴールドを売却
2021	7～9月期	メルクを売却
2022	1～3月期	オキシデンタル石油、セラニーズ、ヒューレット・パッカードに投資。ウェルズ・ファーゴを売却
	4～6月期	ベライゾンを売却
	7～9月期	台湾積体電路製造に投資。中国のBYDの売却始める
2023	1～3月期	ニューヨークメロン銀行、USバンコープ、台湾積体電路製造を売却

出所：バークシャー・ハザウェイ「保有銘柄報告書（13F）」をもとに筆者作成

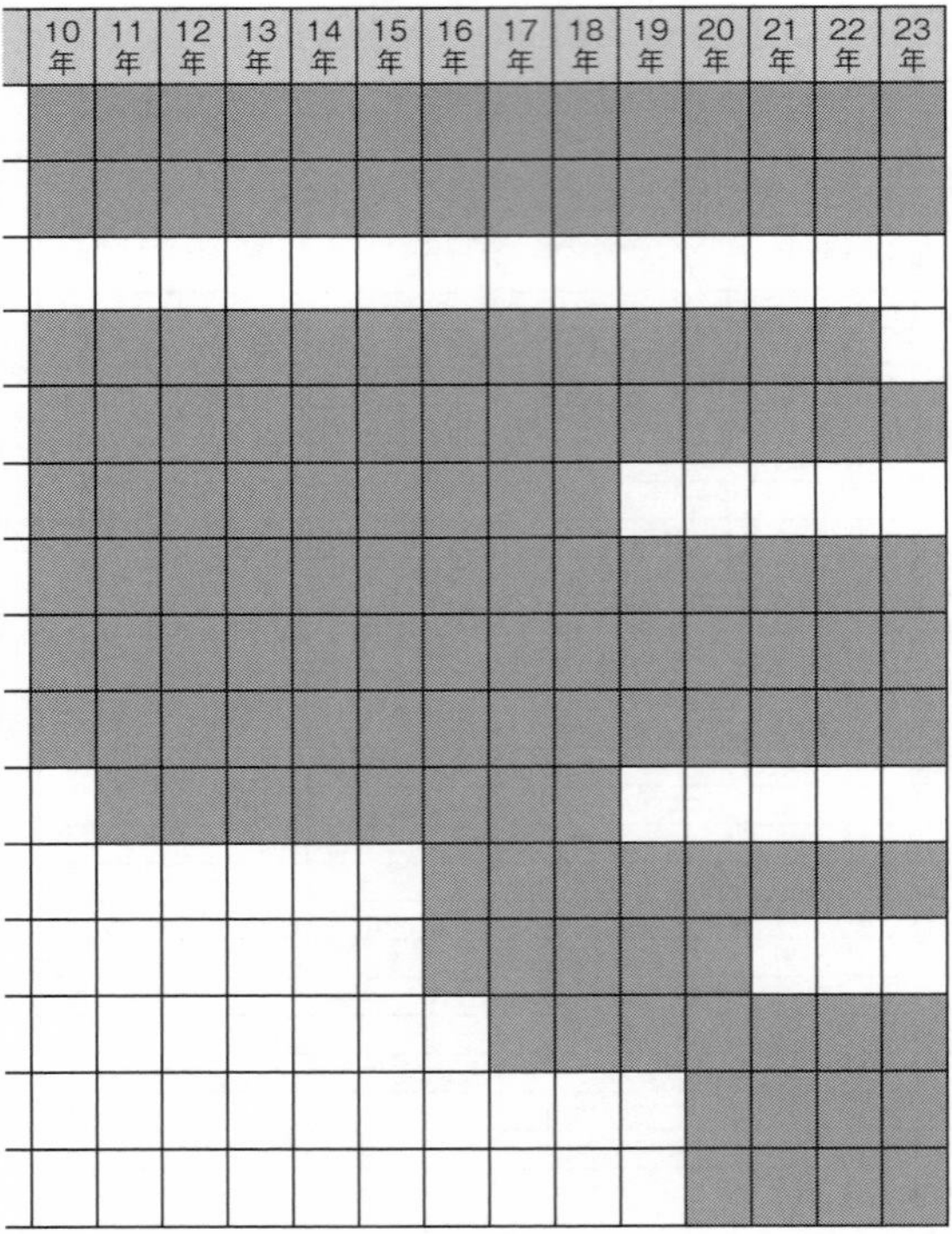
10年
11年
12年
13年
14年
15年
16年
17年
18年
19年
20年
21年
22年
23年

図8　主な銘柄の投資・保有・売却状況

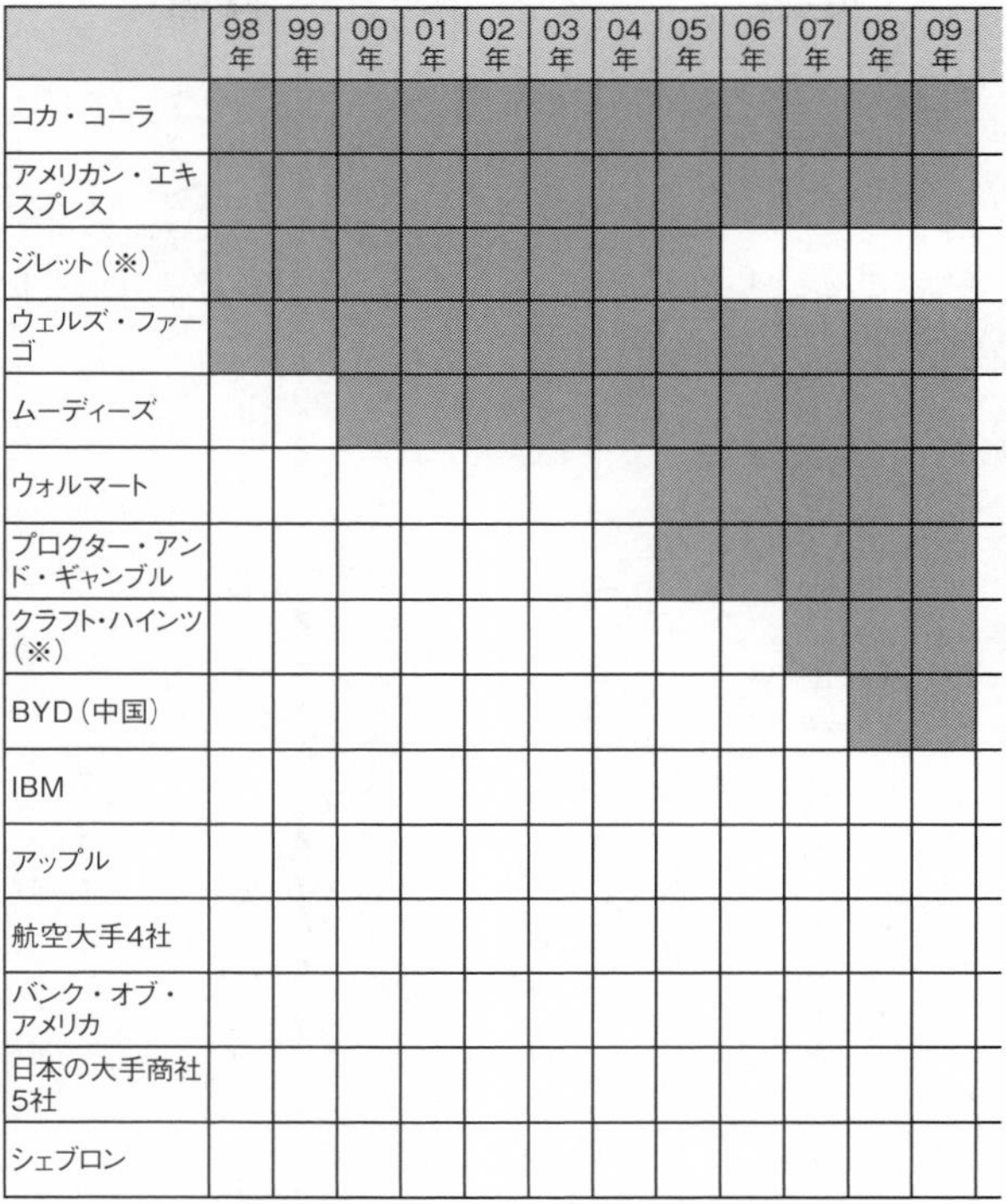

	98年	99年	00年	01年	02年	03年	04年	05年	06年	07年	08年	09年
コカ・コーラ	■	■	■	■	■	■	■	■	■	■	■	■
アメリカン・エキスプレス	■	■	■	■	■	■	■	■	■	■	■	■
ジレット（※）	■	■	■	■	■	■	■					
ウェルズ・ファーゴ	■	■	■	■	■	■	■	■	■	■	■	■
ムーディーズ			■	■	■	■	■	■	■	■	■	■
ウォルマート								■	■	■	■	■
プロクター・アンド・ギャンブル								■	■	■	■	■
クラフト・ハインツ（※）										■	■	■
BYD（中国）											■	■
IBM												
アップル												
航空大手4社												
バンク・オブ・アメリカ												
日本の大手商社5社												
シェブロン												

注：ジレットは2005年にプロクター・アンド・ギャンブルが買収、クラフト・ハインツはクラフト・フーズとハインツが2015年に経営統合
出所：バークシャー・ハザウェイ「保有銘柄報告書（13F）」ほか

ト氏の株式ポートフォリオ」（172ページ）と併せて読んでほしいのですが、バフェットさんを語るときに必ず出てくる銘柄がコカ・コーラです。少しずつ買い集め、仕込みが完了したのが1994年のことでした。

このとき、ほぼ同時にアメリカン・エキスプレスの仕込みも完了しました。この両社は現在でもバークシャー・ハザウェイの保有銘柄の中核になっています。ほかに1994年末現在でウェルズ・ファーゴ、ジレット、フレディマックを保有していました。

2007年には貨物鉄道のバーリントン・ノーザン・サンタフェに投資し、その後、バークシャー・ハザウェイの一事業部門として取り込みました。2008年に投資を始めた中国の電気自動車メーカー・BYDは多額の利益をもたらしましたが、2022年夏から売却過程に入っています。

大手銀行への投資は1994年以前から保有していたウェルズ・ファーゴ、2006年に取得したUSバンコープ、2010年に取得したニューヨークメロン銀行、2013年に取得したゴールドマン・サックス、2018年に取得したJPモルガン・チェースなどがありますが、今日では2017年に取得したバンク・オブ・アメリカ一本に絞り、他社は売却しました。

2007年にクラフト・フーズに投資し、同社が2015年にハインツと経営統合してクラフト・ハインツになる過程では、バークシャー・ハザウェイは投資ファンドの3Gキャピタルとともに主導的な役割を演じ、多額の追加投資をしましたが、バフェットさんはのちに「出資額が大きすぎた」と失敗を認めています。クラフト・ハインツは現在でもバークシャー・ハザウェイの持ち分法適用の関連会社です。

IBMへの投資は2011年から2018年まで。肝いりだったにもかかわらず、思惑通りにはいきませんでした。2016年には航空4社に投資しました。しかし、新型コロナウイルスの流行が始まった2020年4月にすべて損切りしました。

アップルへの投資を始めたのが2016年1~3月期でした。当時は市場関係者に「買うのが遅すぎたのではないか」などとささやかれましたが、その後に巨額の投資収益を確保し、バフェット神話の復活につながりました。

2020年8月には日本の大手商社5社の株式保有を明らかにしました。その後、大幅に買い増し、2023年8月現在では時価保有額が5社合わせて2兆7000億円ほどになっています。

10年前と20年前の状況

再び米国市場上場銘柄だけの話に戻りますが、株式の保有状況を円グラフで示すと、運用の中身がどうなっているのかイメージがつかみやすいです(図9)。アップルが金額シェアで米国市場上場銘柄の51・0%を占めていることは前述した通りです。第2位以下はバンク・オブ・アメリカが8・5%、アメリカン・エキスプレスが7・6%、コカ・コーラが6・9%という具合に、第8位までで89・1%を占めています。第8位のムーディーズのシェアは2・5%です。

第9位以下はぐっと保有比率が小さくなってしまい、第9〜16位の8銘柄を合わせて金額で207億ドル強、ウエイトで6・0%になります。さらにそれ以下となると、本当に保有金額も少なく、46位までの30銘柄をすべて合計して金額で170億ドル強、ウエイトで4・9%にすぎません。

図9　保有銘柄の金額シェア（2023年6月30日現在）

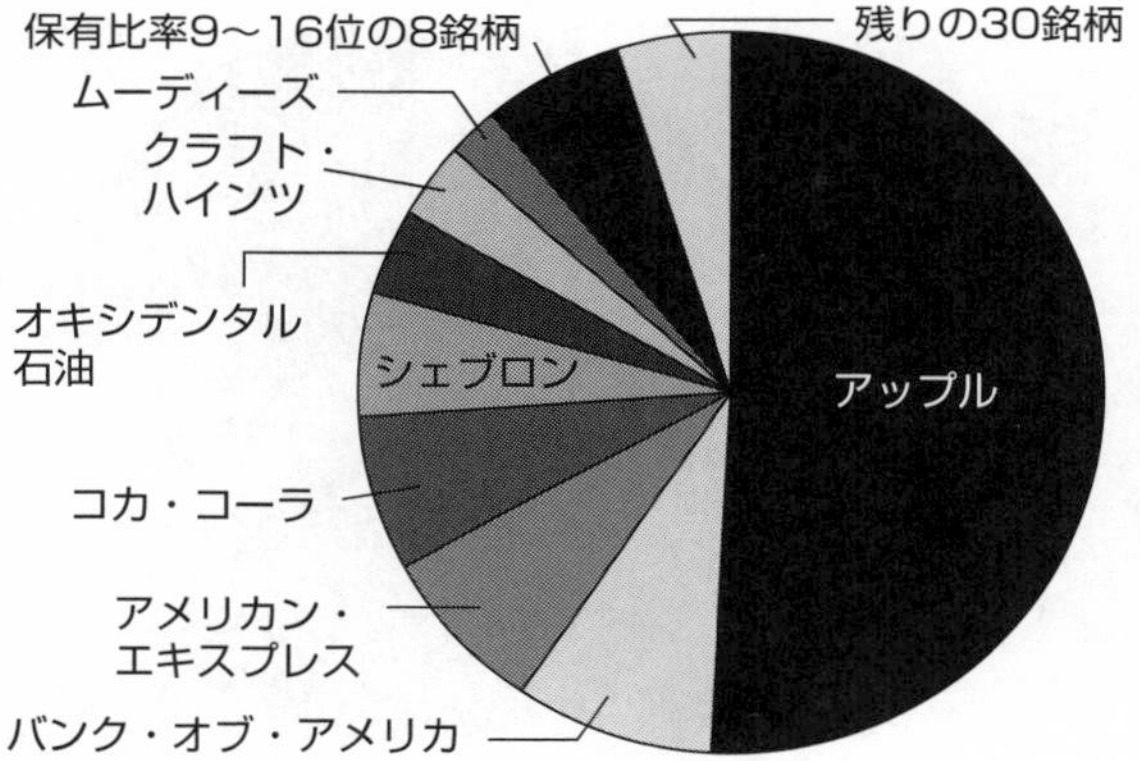

出所：バークシャー・ハザウェイ「保有銘柄報告書（13F）」

いかにバークシャー・ハザウェイが集中投資型の運用をしているかがうかがえるでしょう。

バークシャー・ハザウェイの運用内容が歴史的にどう変わってきたのか、細かく見るときりがありませんので、バフェットさんが83歳だった2013年9月末の状況と、73歳だった2003年9月末の状況、つまり、今から10年前と20年前にどんな銘柄を持っていたかを円グラフで示してみます。上段が2013年9月末の状況（図10）、下段が2003年9月末の状況（図11）です。

米国市場上場銘柄の保有額のうち、上

図10　保有銘柄の金額シェア（2013年9月30日現在）

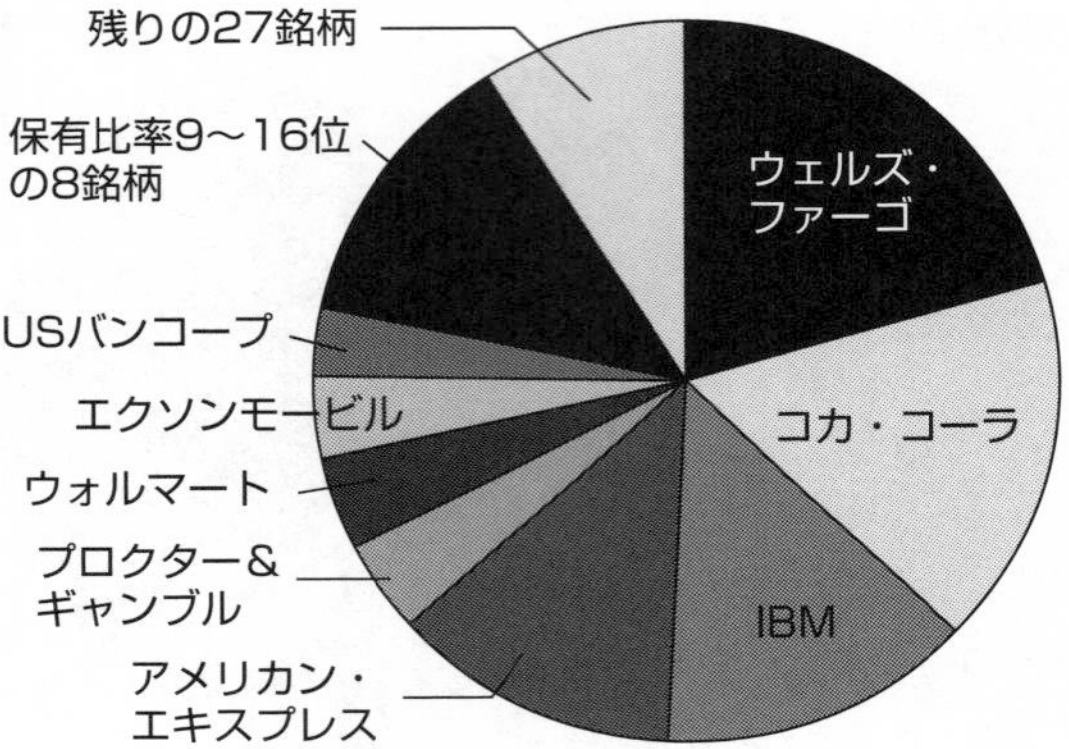

出所：バークシャー・ハザウェイ「保有銘柄報告書（13F）」

図11　保有銘柄の金額シェア（2003年9月30日現在）

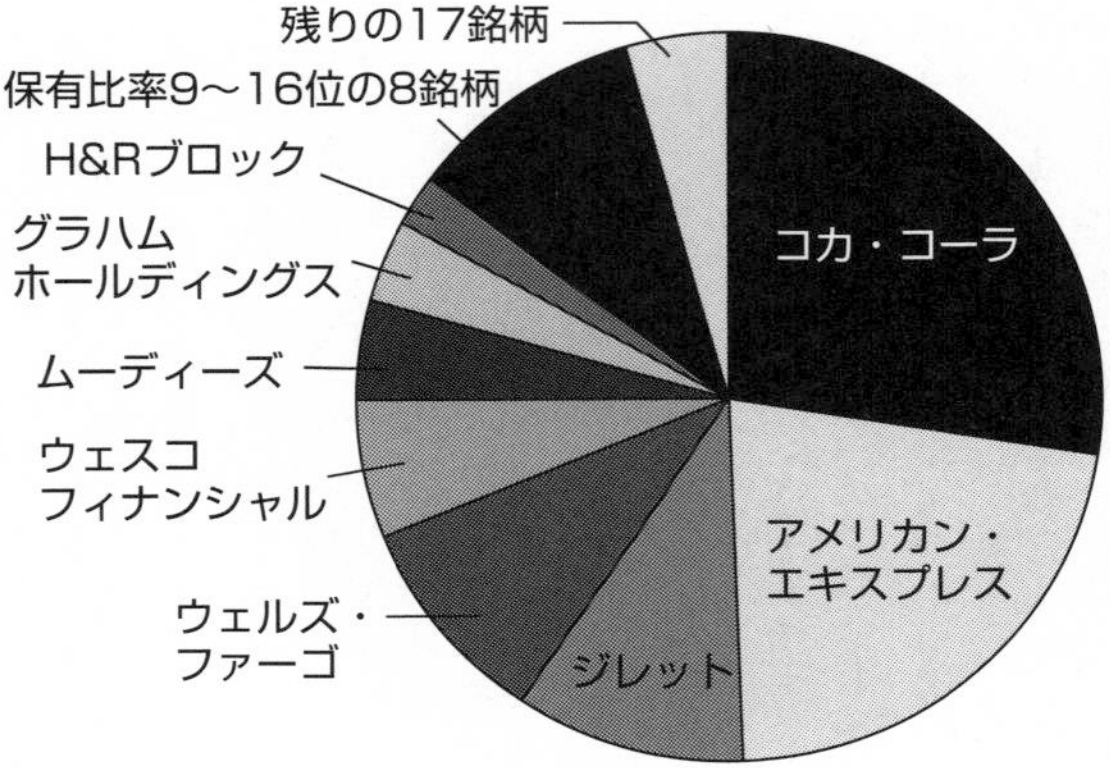

出所：バークシャー・ハザウェイ「保有銘柄報告書（13F）」

位8銘柄が占める割合は2003年で85・4%、2013年で78・6%、2023年で89・1%でした。これがどれくらい集中投資型の運用なのかというと、たとえばプロの運用担当者が組み入れ銘柄を選ぶ日本株投資信託で割と人気がある「ひふみ投信」(運用会社はレオス・キャピタルワークス)は2023年7月31日現在での上位10銘柄への集中度が18・5%となっています。

銘柄を絞った運用で定評がある「JPMザ・ジャパン」(運用会社はJPモルガン・アセット・マネジメント)も組み入れている銘柄数は57と、バークシャー・ハザウェイが保有している米国市場上場銘柄の46と大きな差はありませんが、上位10銘柄への集中度は36・2%に抑えられています。

思い切った銘柄入れ替え

集中投資型の運用と分散投資型の運用とを比べたとき、どちらが優れているかなどは、何ともいえないと思います。ただ、集中投資型のほうが1銘柄の出来栄えが全体の運用成績を左右しやすいため、運用担当者は賞味期限が過ぎたと感じる銘柄を売却し、これから伸び盛りではないかと感じる銘柄に入れ替えたいと考えることが多いのではないかと想像します。

実際、バークシャー・ハザウェイの運用状況を示す円グラフ（図9〜11）から、上位8銘柄の顔ぶれを再確認すると、コカ・コーラやアメリカン・エキスプレスは2003年も2013年も2023年も持ち続けていますが、ウェルズ・ファーゴは2003年と2013年に出てきた後、2023年には消えています。

2013年に保有していたIBMもプロクター・アンド・ギャンブルもウォルマートもエクソンモービルも2023年には円グラフから消えています（プロクター・アンド・ギャンブルはごく少量、保有し続けている）。代わりにアップルに大規模投資をし、石油大手のシェブロンなども買い進めたわけです。

銘柄入れ替えが吉と出るか凶と出るかなどは誰にも予想ができないと思いますが、バフェットさんの投資スタイルは数少ない銘柄への集中投資なので、伸びる銘柄に賭けたいという思いが人一倍、強いのではないかと感じます。逆にいえば、投資の核となるような銘柄であろうが、ごく少額を買っただけの銘柄であろうが、見込みなしと感じれば、電光石火のごとく売っています。

決して、買った銘柄をいつまでも保有し続けるという意味での長期投資家ではありません。今日買って明日売るような短期投資家ではありませんが、買った銘柄を1年後も持っているかというと、わからないとしか言いようがありません。

注目されるバフェット銘柄。199銘柄最高保有額ランキング

毎年2月15日前後、5月15日前後、8月15日前後、11月15日前後の4回は、バークシャー・ハザウェイの保有銘柄報告書（13F）の公表日に当たります。米国のほかの機関投資家もまったく同じタイミングで保有銘柄報告書を米証券取引委員会に提出しますから、プロが運用する大きなおカネがどこに向かおうとしているのか、多くの市場参加者が関心を持って見ています。

特にバークシャー・ハザウェイの報告書に新しい銘柄が出てくると、あちこちで「バフェット氏が○○を買った」などと報道され、その企業のどんな点がバフェットさんの興味を引きつけたのだろうかなどと、しばしば話題になります。

アップルやコカ・コーラ、アメリカン・エキスプレスなどを大量保有していることは周知の話として、これまでほかにどんな銘柄が「バフェット銘柄」として話題になったのでしょうか。ただ、銘柄をアルファベット順に並べるだけでは、バフェットさんがどこに力を入れているかわかりませんから、保有中か売却済みかにかかわらず、ピーク時（最高）保有額の大きい順にランキングしてみます（図12）。

クラフト・ハインツやIBMは失敗

図12の首位のアップルと第2位のバンク・オブ・アメリカは、これまでに何度か説明しました。第3位のクラフト・ハインツは2015年にクラフト・フーズとH・J・ハインツが経営統合してできた企業で、このときバークシャー・ハザウェイが資本参加しました。

しかし、経営統合後の事業展開は思惑通りにいかず、株価の低迷も続きました。現在でも持ち分法適用の関連会社として経営に携わっていますが、2019年5月の株主総会でバフェットさんは「クラフト・ハインツへの投資は失敗だった」と率

図12　199銘柄最高保有額ランキング

順位	銘柄名	ティッカーシンボル	ピーク時保有額（億ドル）	時期	現在も保有中?
1	アップル	AAPL	1775.91	2023年6月	○
2	バンク・オブ・アメリカ	BAC	449.39	2021年12月	○
3	クラフト・ハインツ	KHC	295.71	2017年3月	○
4	シェブロン	CVX	292.53	2022年12月	○
5	アメリカン・エキスプレス	AXP	283.51	2022年3月	○
6	ウェルズ・ファーゴ	WFC	278.01	2017年12月	
7	コカ・コーラ	KO	254.44	2022年12月	○
8	IBM	IBM	145.30	2013年3月	
9	オキシデンタル・ペトロリアム	OXY	132.17	2023年3月	○
10	ムーディーズ	MCO	96.36	2021年12月	○
11	ベライゾン・コミュニケーションズ	VZ	92.36	2021年3月	
12	JPモルガン・チェース	JPM	81.69	2019年12月	
13	フィリップス66	PSX	81.62	2017年12月	
14	USバンコープ	USB	78.54	2019年12月	
15	プロクター・アンド・ギャンブル	PG	77.71	2007年12月	○
16	バーリントン・ノーザン・サンタフェ		75.72	2009年12月	
17	コノコフィリップス	COP	61.50	2008年9月	
18	ジレット		58.77	2005年9月	
19	アクティビジョン・ブリザード	ATVI	53.26	2022年6月	○
20	ウォルマート	WMT	51.86	2014年12月	
21	クラフトフーズ		45.28	2008年9月	
22	ダビータ	DVA	43.47	2021年6月	○
23	ジョンソン&ジョンソン	JNJ	42.78	2008年9月	○
24	バンク・オブ・ニューヨーク・メロン	BK	42.03	2021年12月	
25	エクソンモービル	XOM	41.62	2013年12月	
26	デルタ航空	DAL	41.47	2019年12月	
27	台湾積体電路製造	TSM	41.18	2022年9月	

順位	銘柄名	ティッカーシンボル	ピーク時保有額（億ドル）	時期	現在も保有中？
28	ゴールドマン・サックス	GS	41.16	2018年9月	
29	フレディマック		38.85	1998年12月	
30	ゼネラル・モーターズ	GM	38.50	2021年3月	○
31	ヒューレット・パッカード	HPQ	37.92	2022年3月	○
32	チャーター・コミュニケーションズ	CHTR	37.61	2021年6月	○
33	サウスウエスト航空	LUV	35.00	2018年9月	
34	リバティメディア		33.59	2021年12月	
35	クローガー	KR	33.27	2022年3月	○
36	ベリサイン	VRSN	32.53	2021年12月	○
37	シティグループ	C	29.45	2022年3月	○
38	ディレクTV		29.09	2015年6月	
39	アッヴィ	ABBV	27.36	2020年12月	
40	ウェスコ・ファイナンシャル		26.23	2006年12月	
41	パラマウント・グローバル	PARA	26.07	2022年3月	○
42	リバティメディア種類株(LSXMA)	LSXMA	24.85	2022年12月	○
43	アメリカン航空	AAL	23.93	2017年12月	
44	メルク	MRK	23.47	2020年12月	
45	ビザ	V	23.35	2021年6月	○
46	ユナイテッド航空	UAL	23.14	2018年9月	
47	モンサント		22.14	2018年3月	
48	オラクル	ORCL	21.35	2018年9月	
49	スノーフレーク	SNOW	20.75	2021年12月	○
50	ブリストル・マイヤーズスクイブ	BMY	20.68	2020年12月	
51	アンハイザー・ブッシュ・インベブ	BUD	19.84	2006年6月	
52	リバティメディア種類株(LSXMK)	LSXMK	19.76	2022年3月	
53	AT&T	T	19.33	2015年9月	

順位	銘柄名	ティッカーシンボル	ピーク時保有額(億ドル)	時期	現在も保有中?
54	アマゾン・ドット・コム	AMZN	18.35	2021年6月	○
55	ディーア	DE	18.00	2016年9月	
56	グラハムホールディングス	GHC	16.98	2004年12月	
57	USG		16.89	2018年9月	
58	マスターカード	MA	16.67	2021年6月	○
59	エーオン	AON	14.96	2023年6月	○
60	PNCファイナンシャル・サービシーズ	PNC	13.84	2019年12月	
61	キャピタル・ワン・ファイナンシャル	COF	13.64	2023年6月	○
62	コストコ・ホールセール	COST	13.14	2020年6月	
63	アメリプライズ・ファイナンシャル	AMP	12.43	2005年12月	
64	リストレーション・ハードウェアHD	RH	12.17	2021年6月	
65	ストーン	STNE	11.89	2020年12月	○
66	セラニーズ	CE	11.26	2022年3月	○
67	マッケソン	MCK	10.87	2022年9月	
68	リバティ・グローバル	LBTYA	10.71	2017年3月	
69	ユニオン・パシフィック	UNP	10.68	2007年3月	
70	テバ・ファーマスーティカルズ	TEVA	10.52	2018年6月	
71	アライ・ファイナンシャル	ALLY	10.05	2022年6月	○
72	ヌー・ホールディングス	NU	10.05	2021年12月	○
73	M&Tバンク	MTB	9.92	2018年3月	
74	プレシジョン・キャストパーツ	PCP	9.75	2015年12月	
75	シリウスXM	SIRI	9.74	2019年12月	
76	レッド・ハット	RHT	9.71	2019年6月	
77	トラベラーズ	TRV	8.91	2019年6月	
78	ストア・キャピタル	STOR	8.43	2021年6月	
79	サンコア・エナジー	SU	8.34	2016年3月	

順位	銘柄名	ティッカーシンボル	ピーク時保有額(億ドル)	時期	現在も保有中?
80	シカゴ・ブリッジ・アンド・アイアン	CBI	8.32	2014年3月	
81	ダン・アンド・ブラッドストリート	DNB	8.27	2000年9月	
82	H&Rブロック	HRB	8.09	2003年12月	
83	シンクロニー・ファイナンシャル	SYF	8.03	2017年12月	
84	グローブライフ	GL	7.66	2022年12月	○
85	TモバイルUS	TMUS	7.59	2023年3月	○
86	アクサルタ・コーティング・システム	AXTA	7.55	2017年12月	
87	DRホートン	DHI	7.26	2023年6月	○
88	ナショナル・オイルウェル・バルコ	NOV	7.06	2013年12月	
89	HCAヘルスケア	HCA	6.65	2003年12月	
90	バイアコム	VIAB	6.64	2013年12月	
91	アメリカン・スタンダード		6.52	2007年6月	
92	マーケル・ホールディング	MKL	6.52	2023年6月	○
93	マーシュ・アンド・マクレナン	MMC	6.44	2021年3月	
94	レストラン・ブランズ・インターナショナル	QSR	6.00	2019年9月	
95	リバティメディア種類株(FWONK)	FWONK	5.81	2023年6月	○
96	バリック・ゴールド	GOLD	5.64	2020年6月	
97	ナイキ	NKE	5.62	2010年3月	
98	ルイジアナ・パシフィック	LPX	5.28	2023年6月	○
99	ジョンズ・アパレル		5.12	2001年3月	
100	トレイン・テクノロジーズ	TT	5.12	2007年12月	
101	サントラスト・バンクス	STI	5.08	1998年12月	
102	ファースト・データ		5.04	2001年6月	
103	コンステレーション		4.99	2008年12月	
104	フロア・アンド・デコアHD	FND	4.97	2023年6月	○

順位	銘柄名	ティッカーシンボル	ピーク時保有額（億ドル）	時期	現在も保有中?
105	キンダー・モルガン	KMI	4.97	2016年6月	
106	ロイヤルティ・ファーマ	RPRX	4.75	2021年9月	
107	ショー・コミュニケーションズ	SJR	4.75	2001年6月	
108	WABCOホールディングス	WBC	4.75	2015年3月	
109	カーマックス	KMX	4.15	2007年12月	
110	コムキャスト	CMCSA	4.09	2006年9月	
111	アンセム	ANTM	3.95	2007年12月	
112	ダウ・ジョーンズ		3.79	2007年9月	
113	ギャップ	GPS	3.75	2003年6月	
114	ガテックス	GATX	3.66	2000年12月	
115	ユナイテッドヘルス・グループ	UNH	3.49	2007年12月	
116	ゼネラル・エレクトリック	GE	3.37	2016年3月	
117	モンデレズ・インターナショナル	MDLZ	3.27	2012年12月	○
118	ノーフォーク・サザン	NSC	3.22	2007年3月	
119	リパブリック・サービシズ	RSG	3.22	2010年6月	
120	CVSヘルス	CVS	3.18	2012年3月	
121	タイコ・インターナショナル		3.16	2007年3月	
122	ガネット	GCI	3.08	2003年12月	
123	ゼネラル・ダイナミクス	GD	2.85	2012年3月	
124	インテル	INTC	2.79	2011年12月	
125	アイアン・マウンテン	IRM	2.76	2007年9月	
126	グレート・レーク・ケミカル		2.60	2000年12月	
127	21世紀フォックス	21FOX	2.51	2016年12月	
128	インガーソル・ランド	IR	2.39	2009年9月	
129	ナルコホールディングス		2.30	2009年12月	

順位	銘柄名	ティッカーシンボル	ピーク時保有額(億ドル)	時期	現在も保有中?
130	ウェスタン・ユニオン	WU	2.24	2006年12月	
131	ロウズ	LOW	2.20	2007年3月	
132	サノフィ	SNY	2.20	2014年9月	
133	ファイサーブ	FISV	2.10	2010年9月	
134	リズクレイボーン		2.04	2000年12月	
135	バイオジェン	BIIB	2.03	2020年3月	
136	ホーム・デポ	HD	2.02	2005年12月	
137	GPU	GPU	1.99	2001年9月	
138	コムディスコ		1.98	2003年3月	
139	NRGエナジー	NRG	1.87	2009年6月	
140	ダラー・ゼネラル	DG	1.85	2011年12月	
141	ネスレー		1.82	2010年9月	
142	イートン	ETN	1.63	2008年9月	
143	アーチャー・ダニエルズ・ミッドランド	ADM	1.63	2012年12月	
144	スターツ	STARZ	1.58	2013年9月	
145	ピアワンインポーツ	PIRRQ	1.58	2004年12月	
146	シールド・エア	SEE	1.57	2001年3月	
147	ベリスク・アナリティックス	VRSK	1.50	2017年12月	
148	ベクトン・ディッキンソン	BDX	1.40	2010年9月	
149	ファイザー	PFE	1.36	2020年9月	
150	ドーバー	DOV	1.35	2003年6月	
151	レックスマーク		1.34	2005年12月	
152	チャブ	CB	1.30	2000年6月	
153	ユナイテッド・パーセル・サービス	UPS	1.18	2006年6月	○
154	ミューラー・インダストリーズ	MLI	1.07	2001年12月	
155	メディア・ジェネラル		1.05	2013年12月	

順位	銘柄名	ティッカーシンボル	ピーク時保有額（億ドル）	時期	現在も保有中?
156	ペトロチャイナ	PTR	0.98	2007年6月	
157	OSIレストラン		0.89	2004年3月	
158	リバティー・ラテンアメリカ	LILA	0.83	2018年9月	○
159	ハネウェル・インターナショナル	HON	0.79	2001年6月	
160	サービスマスター・グローバルHD	SERV	0.77	2004年12月	
161	グラクソ・スミスクライン	GSK	0.76	2007年12月	
162	ファーストエナジー		0.75	2001年12月	
163	シュウェップス		0.73	2003年12月	
164	NVR	NVR	0.71	2023年6月	○
165	NOW	DNOW	0.66	2014年6月	
166	ハーツ・グローバルHD	HTZ	0.65	2000年12月	
167	ジョンズ・マンビル		0.62	2000年12月	
168	オートマティック・データ・プロセッシング	ADP	0.59	2003年9月	
169	オフィス・デポ	ODP	0.52	2001年6月	
170	オルガノン	OGN	0.47	2021年6月	
171	ショー・インダストリーズ		0.42	2000年12月	
172	ディアジオ	DEO	0.41	2023年3月	○
173	ターゲット	TGT	0.41	2006年9月	
174	シールド・エア優先株	SEE	0.36	2003年6月	
175	エクスプレス・スクリプツ		0.32	2014年9月	
176	オムニコム・グループ	OMC	0.28	2002年9月	
177	CGI	GIB	0.27	2011年3月	
178	デューク・エナジー	DUK	0.25	2003年9月	
179	ディッシュ・ネットワーク		0.25	2013年9月	
180	ゼニス・ナショナル		0.24	2000年12月	
181	ウィルテル		0.20	2003年3月	

順位	銘柄名	ティッカーシンボル	ピーク時保有額（億ドル）	時期	現在も保有中?
182	エジソン・インターナショナル	EIX	0.19	2000年6月	
183	バンガード S&P500ETF	VOO	0.19	2021年12月	○
184	SPDR S&P500ETF	SPY	0.19	2021年12月	○
185	レナー	LEN	0.17	2023年6月	○
186	ファニチャー・ブランド		0.17	2000年12月	
187	ジェフリーズ・ファイナンシャル・グループ	JEF	0.15	2022年12月	○
188	PSグループ		0.14	1998年12月	
189	ディーン・フーズ		0.13	2005年6月	
190	ベストバイ	BBY	0.13	2002年12月	
191	リパブリック・ニューヨーク		0.11	1999年12月	
192	ウォルト・ディズニー	DIS	0.09	2000年12月	
193	レベル3コミュニケーションズ		0.09	2003年9月	
194	スーペリア・インダストリーズ・インターナショナル	SUP	0.06	2001年3月	
195	ヤム・ブランズ	YUM	0.05	2000年9月	
196	リー・エンタープライジズ	LEE	0.05	2012年6月	
197	レイジー・ボーイ	LZB	0.01	2001年12月	
198	ヴィテス・エナジー	VTS	0.01	2023年3月	
199	キーストーン		0.01	2000年9月	

注：その後の上場廃止などでティッカーシンボルが不明な銘柄は空欄とした
出所：バークシャー・ハザウェイ「保有銘柄報告書（13F）」のデータをもとに筆者作成

直に認めています。

第4位に顔を出すシェブロンは2020年10～12月期から投資を始めた銘柄です。2020年8月に取得を明らかにした日本の大手商社株や、2022年1～3月期から投資を始め、第9位に顔を出しているオキシデンタル石油株も含め、資源価格の上昇を見越して投資に動きました。

IBMへの投資は本書の第3章（80ページ）で詳しく触れますが、2011年7～9月期から2017年10～12月期にかけてのことでした。バフェットさんはIBMの復活に賭けたのですが、思惑通りに進まず、結局、撤退しました。

日本の大手商社株のうち、最も保有額が大きい三菱商事の場合、米ドル換算で57億ドル程度の株式を持っていることになりますから、もし、ランキングに外国株を含めれば、上位20番目ぐらいに位置付けられると思います。

バークシャー・ハザウェイが持つ日本の大手商社5社の株式の総額は、米ドル換算で190億ドル前後になります。5社まとめてではありますが、保有額はコカ・コーラに準じる水準ですから、バフェットさんにとっても久々の大型投資といっていいのではないでしょうか。

平均保有期間は3・8年。実は「短気」投資家かも

バークシャー・ハザウェイの保有銘柄の変化を見ると、コカ・コーラやアメリカン・エキスプレスはともかくとして、投資額の大きいコア銘柄といえども、適宜、入れ替えられていることがわかります。コア銘柄の仲間入りができないようなもっと小さな銘柄の場合には、買ってから1年もしないうちに売却されることもしばしばです。

最近でも2022年9月末の保有銘柄報告書でバークシャー・ハザウェイによる投資が明らかになった半導体大手、台湾積体電路製造（TSMC）の名前は、2023年3月末の報告書には掲載されていませんでした。株式数でいうと、2022年9月末に6006万株の保有報告があったのに、12月末までには大半が売却されて829万株だけが残り、それも2023年3月末までに完全に売却されたのです。

新型コロナウイルスのワクチンを開発したファイザーの株式も、2020年6月

末の報告書に初めて掲載されたのに、9月末には消えていました。報告書に銘柄名が出るたびに3カ月保有したという仮定を置いて試算すると、ファイザー株はわずか3カ月しか保有しなかったことになります。

医薬品大手ではメルクの株式も2020年6月末の報告書に初めて登場したのに、2021年9月末の報告書には載っていませんでした。バフェットさんが金《きん》を買ったとして話題になった、カナダの金鉱会社バリック・ゴールドの株式も2020年6月末と9月末の報告書に登場しただけでした。

3分の1は1年以内で手放す

1998年末以降の保有銘柄報告書に登場する銘柄は199銘柄ですが、2023年6月末現在で保有しているのは46銘柄ですから、残りの153銘柄はすでに手放してしまったことになります。このうち1回登場しただけで消えてしまった銘柄が24もあります。2回登場は12銘柄、3回登場は5銘柄、4回登場は9銘柄です。

図13のグラフをご覧ください。1回登場するたびに3カ月保有したと仮定します

図13　株式の保有期間別銘柄数

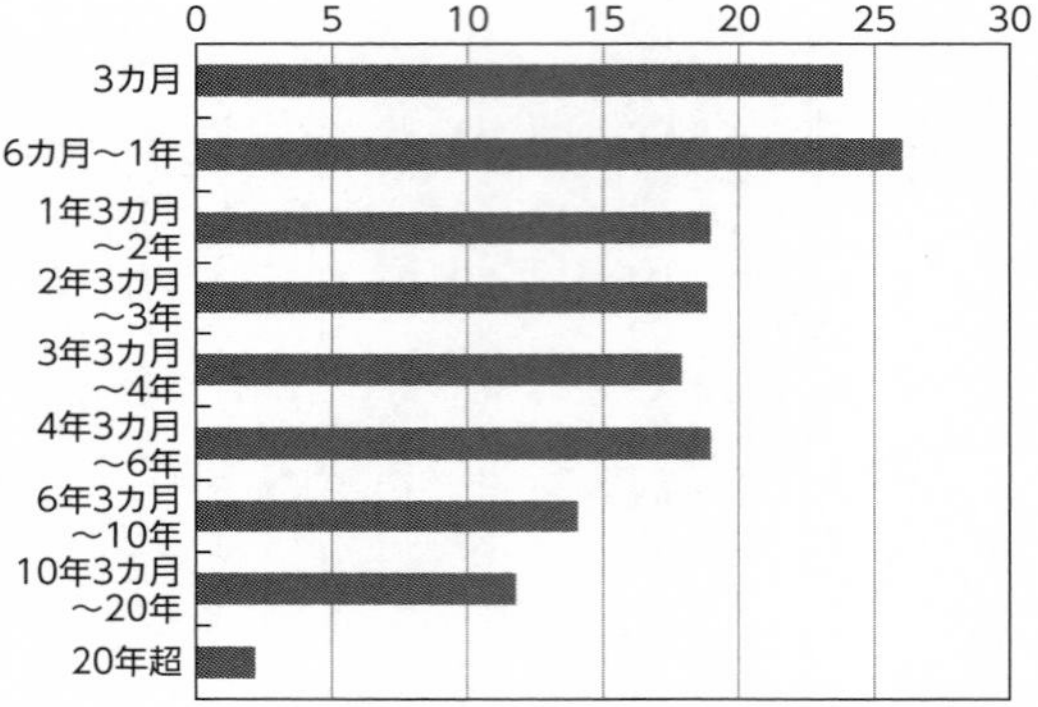

注：保有銘柄報告書に1回登場するたびに3カ月保有したと仮定。対象は1998年末以降に保有が確認された199銘柄のうち、すでに手放した153銘柄
出所：バークシャー・ハザウェイ「保有銘柄報告書（13F）」

と、合わせて50銘柄が1年以内に売却された計算です。バークシャー・ハザウェイによる取得が明らかになり、「バフェット銘柄」などともてはやされながらも、約3分の1は1年以内に見切られている計算になります。

バフェットさんは真に長期保有の価値がある銘柄を見定めようと懸命になる一方、長期保有の価値がないと感じたら、すぐに売却することを基本方針にしています。日本の「見切り千両、損切り万両」に相当する相場格言が米国にあるのかどうかは知りませんが、将来性に疑問を感じつつ、いつまでも保有し続けるような投資はしないということです。

153銘柄の平均保有期間は3・8年です。「割安株の長期投資家」といわれているる割には、意外と短いと感じませんか。売却した後の値動きから判断すると、「売らなければよかった」といったこともあるのかもしれません。しかし、バフェットさんは企業としての投資価値に疑問を感じつつ、株価のリバウンドを期待して持ち続けようなどとは考えないようです。保有株を売却しようかどうか迷ったときに、参考にしてほしい話です。

第3章　ちょっと分析してみましょう

ＩＢＭを買ってから売るまで——期中には売買しない仮定

第2章ではバークシャー・ハザウェイが米証券取引委員会（ＳＥＣ）に提出した保有銘柄報告書（13Ｆ）から直接、読み取れることを中心に説明しました。本章では個々の投資が利益を上げているのか、損失計上を余儀なくされているのかの分析に取り組みます。

損益の計算には取得価格と売却価格のデータが不可欠ですが、残念ながら、保有銘柄報告書にはそのような記載はありません。米国の経済紙などで個別に「いくらで買った」とか「いくらで売った」とか報道されることもありますが、データベース化されているわけではないので、ちょっと分析対象にはしにくいのです。

そこで、保有株数の変化を伴うすべての売買は、四半期末の株価を使って四半期末に実施しているという前提で、損益を計算してみます。たとえば、ある銘柄を四半期の開始時（期首）に１００万株保有していたとし、前四半期末の株価が50ドル、今四半期末の株価が70ドルだったとします。

期首の評価額は50ドルに１００万株を掛け合わせて５０００万ドルという計算に

なります。すべての売買は四半期末に実施したと仮定する、つまり、四半期の途中ではいっさい売買しないという前提ですから、バークシャー・ハザウェイはこの銘柄を１００万株のまま、四半期末まで持ち続けていることになります。

四半期中の株価の上昇は70ドルから50ドルを差し引いて20ドルですから、当該四半期にこの銘柄で出した運用益（評価益）は１００万株に20ドルを掛け合わせた２０００万ドルということになります。

期首の株数に株価騰落を掛ける

バークシャー・ハザウェイがＩＢＭ株への投資でどれだけの運用益を確保したかを、実際のデータを使って計算してみたいと思います。ＳＥＣに提出した保有銘柄報告書からは、四半期ごとの保有金額と保有株数の推移として、図14に示すようなデータが読み取れます。また、時価保有額をグラフにすると図15のようになります。

前項で説明した通り、四半期中の運用益は期首の株数に株価の変化を掛け合わせたものです。たとえば、２０１１年10～12月期の運用益は期首の株数の５７３４万

図14　保有銘柄報告書から読み取れるIBM株の保有状況

	保有金額（億ドル）	保有株数（万株）	保有単価（ドル）
2011年9月	100.29	5734.90	174.87
2011年12月	117.51	6390.59	183.88
2012年3月	134.36	6439.57	208.65
2012年6月	130.35	6664.54	195.58
2012年9月	140.07	6751.79	207.45
2012年12月	130.48	6811.55	191.55
2013年3月	145.30	6812.20	213.30
2013年6月	130.19	6812.20	191.11
2013年9月	126.15	6812.20	185.18
2013年12月	127.78	6812.20	187.57
2014年3月	131.58	6835.51	192.49
2014年6月	127.20	7017.40	181.27
2014年9月	133.79	7047.80	189.83
2014年12月	123.49	7697.18	160.44
2015年3月	127.70	7956.51	160.50
2015年6月	129.42	7956.51	162.66
2015年9月	117.47	8103.35	144.97
2015年12月	111.52	8103.35	137.62
2016年3月	123.03	8123.23	151.45
2016年6月	123.29	8123.23	151.78
2016年9月	129.04	8123.23	158.85
2016年12月	134.84	8123.23	165.99
2017年3月	112.43	6456.20	174.14
2017年6月	83.20	5408.47	153.83
2017年9月	53.72	3702.67	145.08
2017年12月	3.14	204.80	153.42

注：単価は報告書に記載されていないが、金額と株数から算出して記載。
　　2018年3月末の株価は153.43ドル
出所：バークシャー・ハザウェイ「保有銘柄報告書（13F）」

図15　IBM株時価保有額

注：横軸は四半期末。バークシャー・ハザウェイが初めてIBM株の保有を報告したのは2011年9月末だが、米国では米証券取引委員会（SEC）の承認を受ければ、買い集め期間中の公表を回避できる。実際に買い集めを始めたのは2011年1〜3月期だった
出所：バークシャー・ハザウェイ「保有銘柄報告書（13F）」

９０００株に、株価の変化の９ドル１セントを掛け合わせます。この９ドル１セントは四半期末の株価の１８３ドル88セントから、前四半期末の株価の１７４ドル87セントを差し引いたものです（図16）。

実際に計算してみると、５億１６７１万ドルという金額が出てきます。その次の２０１２年１〜３月期の運用益は、期首の株数の６３９０万５９００株に、株価の変化の24ドル77セント（２０８ドル65セントから１８３ドル88セント

図16　四半期の投資損益の試算方法

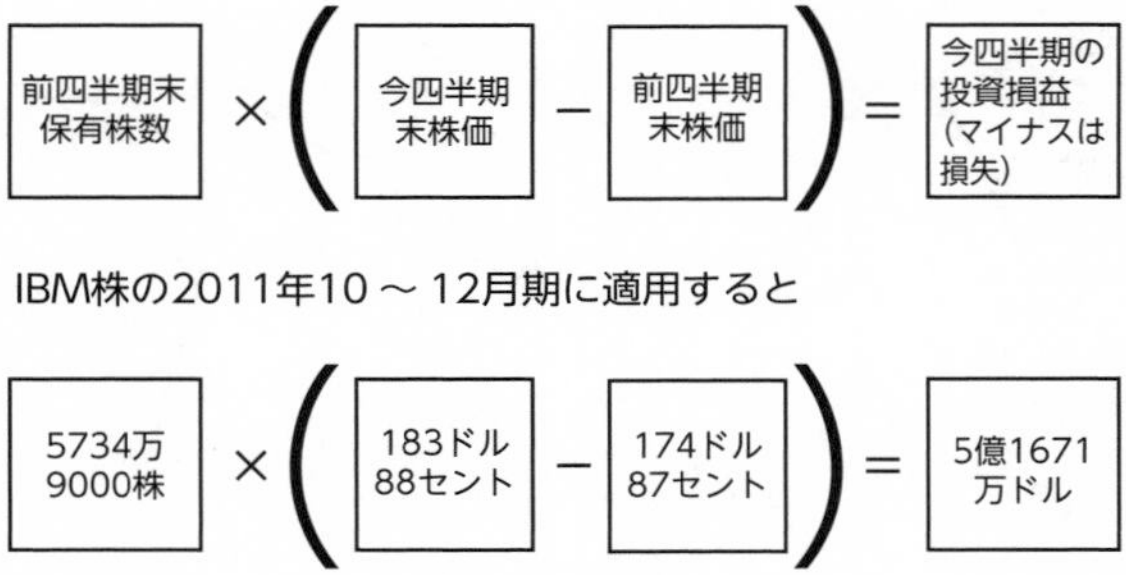

注：すべての売買を四半期末に実施した（四半期中に保有株数の変化はない）と仮定したうえでの試算のため、現実の投資損益とは異なる

を差し引いた値）を掛け合わせます。やってみると15億８２９５万ドルという結果になります。

同様に２０１２年４〜６月期はマイナス８億４１６５万ドル（８億４１６５万ドルの損失）、７〜９月期は７億９１０８万ドル、10〜12月期はマイナス10億７３５３万ドルという結果が出てきます。

この計算はどこまで繰り返せばいいのでしょうか。図14の表は２０１７年12月末までのＩＢＭ株の保有状況を示しています。ただ、最後に保有していた２０４万８０００株も、２０１８年１〜３月期中に売却したはずですから、損益の計算は、表に１行継ぎ足して、

２０１８年1～3月期まで繰り返す必要があります。

２０１８年3月末の株価データがなければ、この計算は完結しません。その株価は１５３ドル43セントでした。

あくまで保有株式数の変化を伴うすべての売買は四半期末に実施したとの前提ですが、エクセルなどの表計算ソフトを使って「前四半期末の保有株数に今四半期の株価の変化を掛ける」という計算を表の最下部まで繰り返します。そして出てきた結果、つまり、四半期ごとの損益をすべて足すと、マイナス15億３６５９万ドルになります。

この損益は配当を含んでいませんから、配当を含むトータル損益ではプラスだった可能性はあります。そうはいっても、バークシャー・ハザウェイが２０１１年7～9月期に鳴り物入りで始めたＩＢＭ株投資が、結局は期待値を大幅に下回るかたちで終わったことは確かです。

「株主への手紙」から情報を補完

ＩＢＭを題材に、保有金額と保有株数という保有銘柄報告書（13Ｆ）から得られる情報をもとに、どうやって投資損益を計算すればいいかを説明しました。だいたいのことはわかるのですが、一番の難点はバークシャー・ハザウェイが本当にＩＢＭ株の購入にいくらを投じたかがわからないことです。何しろ株式数の変化を伴うすべての売買は四半期末の株価でやっているという前提ですから。

実はこの情報不足を補う方法があります。バークシャー・ハザウェイが保有している主な銘柄だけですが、毎年2月の最終土曜日に発信している「株主への手紙」に、保有株数と取得元本が記載されていることがあるのです。最新の２０２２年版（２０２３年２月公表）には掲載されていませんでしたが、２０２２年２月26日に公表された２０２１年版の当該欄は図17のようになっています。

表は企業名のアルファベット順になっているようですが、最上段のアメリカン・エキスプレスを見ると、１億５１６１万７７００株を保有していて、これは会社の発行済株式数の19・９％に相当し、取得元本は12億８７００万ドル、２０２１年12月

図17 「株主への手紙」に掲載された保有株式の状況の表

保有株数	企業名	出資比率	取得コスト	時価
151,610,700	American Express Company	19.9	1,287	24,804
907,559,761	Apple Inc.	5.6	31,089	161,155
1,032,852,006	Bank of America Corp.	12.8	14,631	45,952
66,835,615	The Bank of New York Mellon Corp.	8.3	2,918	3,882
225,000,000	BYD Co. Ltd.	7.7	232	7,693
3,828,941	Charter Communications, Inc.	2.2	643	2,496
38,245,036	Chevron Corporation	2.0	3,420	4,488
400,000,000	The Coca-Cola Company	9.2	1,299	23,684
52,975,000	General Motors Company	3.6	1,616	3,106
89,241,000	ITOCHU Corporation	5.6	2,099	2,728
81,714,800	Mitsubishi Corporation	5.5	2,102	2,593
93,776,200	Mitsui & Co., Ltd.	5.7	1,621	2,219
24,669,778	Moody's Corporation	13.3	248	9,636
143,456,055	U.S. Bancorp	9.7	5,384	8,058
158,824,575	Verizon Communications Inc.	3.8	9,387	8,253
	Others		26,629	39,972
	Total Equity Investments Carried at Market		104,605	350,719

注：取得コストと時価の単位は100万ドル
出所：バークシャー・ハザウェイ「株主への手紙」2021年版

31日現在の時価は248億400万ドルになっていることがわかります。

図17の表を下のほうまでたどっていくと、日本の大手商社株のうち、伊藤忠商事、三菱商事、三井物産の状況も掲載されています。3社ともこの表に掲載した後に株式を買い増ししましたので、表のデータは最新の情報ではありませんが、たとえば伊藤忠商事は取得元本が20億9900万ドル、時価が27億2800万ドルになっていたことがわかります。

2016年版にIBM株の取得元本

ＩＢＭ株は２０１８年１～３月期に最終的に残っていた株式も売り払ってしまいましたので、２０２１年版の「株主への手紙」には掲載されていません。過去の「株主への手紙」をさかのぼると、最後にＩＢＭ株の状況が確認できるのは２０１６年版のものでした。

図18をご覧ください。２０１６年末現在で８１２３万２３０３株を保有していて、取得元本は１３８億１５００万ドル、時価は１３４億８４００万ドルだったことがわかります。

時価が取得元本を下回っていますから、この時点ですでに損失（評価損）を抱えていたことがわかります。その金額は１３４億８４００万ドルから１３８億１５０0万ドルを差し引いて、３億３１００万ドルだったと算出できます。

その後、つまり、２０１８年１～３月期に残った株式も売却し終えるまでの損益は、保有銘柄報告書（13Ｆ）に掲載されたデータから計算します。２０１７年１～３月期は６億６２０４万ドルのプラス、４～６月期は13億１１２５万ドルのマイナ

図18　IBM株の状況が掲載された「株主への手紙」2016年版

保有株数	企業名	出資比率	取得コスト	時価
151,610,700	American Express Company	16.8	1,287	11,231
61,242,652	Apple Inc.	1.1	6,747	7,093
6,789,054	Charter Communications, Inc.	2.5	1,210	1,955
400,000,000	The Coca-Cola Company	9.3	1,299	16,584
54,934,718	Delta Airlines Inc.	7.5	2,299	2,702
11,390,582	The Goldman Sachs Group, Inc.	2.9	654	2,727
81,232,303	International Business Machines Corp	8.5	13,815	13,484
24,669,778	Moody's Corporation	12.9	248	2,326
74,587,892	Phillips 66	14.4	5,841	6,445
22,169,930	Sanofi	1.7	1,692	1,791
43,203,775	Southwest Airlines Co.	7.0	1,757	2,153
101,859,335	U.S. Bancorp	6.0	3,239	5,233
26,620,184	United Continental Holdings Inc	8.4	1,477	1,940
43,387,980	USG Corp.	29.7	836	1,253
500,000,000	Wells Fargo & Company	10.0	12,730	27,555
	Others		10,697	17,560
	Total Common Stocks Carried at Market		65,828	122,032

注：取得コストと時価の単位は100万ドル
出所：バークシャー・ハザウェイ「株主への手紙」2016年版

ス、7〜9月期は4億7324万ドルのマイナス、10〜12月期は3億880万ドルのプラス、2018年1〜3月期はほぼ損益トントンでした。

この5四半期間の損益をすべて合計すると、8億1363万ドルの損失だったことがわかります。これに「株主への手紙」2016年版に掲載された2016年12月末までの損益の「3億3100万ドルの損失」を足し合わせると、IBM株への投資で出た損失は約11億4500万ドルだったと推定できます。

バークシャー・ハザウェイは２０１７年1月以降、ＩＢＭ株の保有株数を段階的に減らしていきました。実際にいくらで売却したかはわかりませんので、前段の損益の計算も必ずしも正確ではありません。計算の前提が「四半期末の株価で売却したと考える」ということになっているからです。

でも、「期首の株数に株価騰落を掛ける」の項では保有銘柄報告書（13Ｆ）から得られたデータだけを頼りに、最終的な損失額は15億３６５９万ドルだったと推定しました。「株主への手紙」から得られる情報を加味すると、バフェットさんがＩＢＭ株への投資で受けた傷は、４億ドルほど軽かったようです。それでもこのときのＩＢＭ株への投資の失敗で、バフェットさんは「神通力が失われた」などさんざんな評価を受けました。

コカ・コーラの損益――大成功だった1994年の投資

投資に失敗したＩＢＭ株の例を引き合いに出すのは公平ではない気がしますので、今度はバフェットさんと切っても切り離せないコカ・コーラ株の投資損益を計算してみましょう。もちろん多額のリターンをもたらしたという点では大成功です。

2022年版の「株主への手紙」に次のような記述があります。

「1994年8月、そう、確かに1994年、バークシャーは今に至っても持っているコカ・コーラ株4億株の7年がかりの購入を終えました。総取得金額は13億ドルで、当時バークシャーにとっては非常に大きな金額でした」

「1994年にコカ・コーラから受け取った現金配当は7500万ドルでした。配当額は徐々に増え、2022年には7億4000万ドルになりました。増配は誕生日と同じくらい確実に毎年、実施されました。チャーリー（バークシャー・ハザウェイの副会長のチャーリー・マンガー氏。バフェットさんの片腕でもある＝筆者注）と私がしなければならなかったのは、コカ・コーラから送られてくる四半期配当の小切手を現金化することだけでした」

この後に、アメリカン・エキスプレス株に関する話も続きますので、ついでに引用しておきます。

「アメリカン・エキスプレスもほとんど同じ話です。バークシャーによるアメッククス株の購入は基本的に1995年に完了し、偶然にも取得費用は（コカ・コーラと同じ）13億ドルでした。この投資から受け取る年間配当は、最初の4100万ドルから直近は3億2000万ドルに増加しました。今後も増配が続く可能性は高いようです」

「コカ・コーラやアメリカン・エキスプレスの配当の増加は、喜ばしいことですが、『壮観』と呼ぶべき状況からはほど遠いです。しかし、両社の株価の上昇は大きな利益をもたらしました。2022年末のコカ・コーラ株の時価は250億ドル、アメックスは220億ドルになりました。現在、両社の株式はバークシャーの純資産の約5%を占めています。このウエイトはずっと前と同様です」

保有株数は変わらず

バークシャー・ハザウェイがコカ・コーラ株の7年がかりの購入を終えたのは1994年、四半期ごとに提出される保有銘柄報告書（13F）がインターネット上で確認できるのは1998年末以降ですから、IBM株のように、保有銘柄報告書からは直接、損益を計算できません。

ただ、前出の「株主への手紙」2021年版にコカ・コーラ株の状況が書いてあります。4億株を保有し、取得元本は12億9900万ドル、2021年12月末現在の時価は236億8400万ドルだったことがわかります。

バフェットさんはコカ・コーラ株については1994年以降、ずっと4億株を保有し続け、ほかの多くの銘柄のように途中で買い増したり、部分売却をしたりはしていません。直近までの投資損益をはじくには、「株主への手紙」2021年版からの情報に、2022年1~3月期から2023年4~6月期までの6四半期の損益を加えるだけです。

といっても保有株数は4億株のままですから、計算は表計算ソフトを使うまでもなく、4億株に株価の変化を掛け合わせるだけです。IBM株のように四半期ごとに細かく分けて計算する必要もありません。株価は2021年12月末が59ドル21セント、2023年6月末が60ドル22セントでした。

6四半期の間に1ドル1セント値上がりしたわけですから、これに4億ドルを掛け合わせて、投資損益（配当を除く）は4億400万ドルだったという計算になります。「株主への手紙」2021年版によると、2021年12月末までの28年以上にわたる投資で確保したキャピタルゲイン（株価の値上がりによる利益。配当を除く）は223億8500万ドル（時価から取得元本を差し引く）でしたから、2023年6月末現在の投資損益は227億8900万ドルという計算になります。

細かいことをいえば、最近のコカ・コーラ株の値動きは鈍く、株価指数の上昇に追いついていないのではないかと指摘する人もいるでしょう。日本では東証株価指数（TOPIX）、米国ではS&P500など市場全体の値動きを示す株価指数は「ベンチマーク」とも呼ばれています。ベンチマークとの比較については本書の第4章（130ページ）で触れたいと思います。

199銘柄の損益ランキング——面倒な事前調整作業

IBM株やコカ・コーラ株を題材にして、バークシャー・ハザウェイの投資損益を計算してみました。保有銘柄報告書（13F）や「株主への手紙」から得られるデータを使えば、同様の計算は1998年末以降に保有が確認できる199銘柄のすべてについて、実施することができます。

ちょっと面倒くさいことが2つあります。技術的な話なので、まどろっこしいと感じる人は読み飛ばしてください。

1つは、四半期末の株価を使って四半期ごとの売買損益を計算するのですが、すでに全株を売却し終えた銘柄の場合、最後の売却時にいくらで売ったかがわからないことです。今でも当該銘柄が証券取引所に上場していれば、別のデータソースから売却した四半期の末日の株価を引用することができます。しかし、途中で上場廃止になった銘柄の場合は、株価データが見当たらないことが多々あります。この場合、売却した四半期末の株価は前四半期末と同じという仮定を置かざるをえません。

もう1つは、株式分割などの権利落ち修正を確実にしなければ、過去の売買損益は正確に計算できないことです。たとえば1株を3株に分割すると、バークシャー・ハザウェイの保有株数は3倍になり、株価は3分の1になります。過去の保有銘柄報告書は当然のことながら、その時点の保有株数が記載されていて、権利落ち修正は施されていません。そのままで個々の銘柄の四半期ごとの売買損益を計算すると、とんでもない結果になってしまいますので、あらゆるところから情報をかき集め、必要な修正をします。

1998年12月末から2023年6月末まで保有銘柄報告書（13F）は99回提出されています。それぞれに保有金額、保有株数が記載され、簡単な計算によって保有単価をはじきだすことができます。つまり、1つの銘柄について297のデータがあります。

表計算ソフトに書き込むシートの大きさは、見出し部分などを別にすると、横が297列、縦が199行になるわけです。もっと大きいデータベースに比べれば知れているとはいえ、すべてのデータが完全でないと、正確な計算ができないのです。もう4、5年前のことですが、筆者はこの準備作業に何日も費やしました。

アップル株が群を抜く

199銘柄のすべてについて2023年8月18日までの投資損益を計算してみま

した。そのなかから損益トップ30とワースト20を抜き出したものが図19、図20です。

すでに全株を売却済みの銘柄は実現損益、まだ保有中の銘柄は評価損益です。途中で一部を売却した銘柄は実現損益と評価損益を加えたものです。株式数の変化を伴うすべての売買は四半期末に実施したとの仮定は、これまでの計算と同じです。主な銘柄は「株主への手紙」の各年版に取得元本の記載がありますので、保有銘柄報告書（13F）から得られたデータを置き換えてあります。

儲け頭が何かといえば、ご想像の通り、アップルです。累計のキャピタルゲインは１２７７億ドルにも達しました。１９９銘柄の投資損益のすべてを合算すると、２３０９億ドルになりますから、その55・３％をアップル１銘柄で稼いだことになります。

第2位はコカ・コーラの２３０億８１００万ドルでした。コカ・コーラ株の累計の投資収益は配当を除いて２２７億８９００万ドルだったと前述しました。ただ、これは２０２３年6月末時点の金額です。３億ドルほど膨らんだのは、６月末から8月18日までの間に株価が73セント上昇したからです。

図19　バークシャー・ハザウェイの投資損益のトップ30

順位	銘柄名	ティッカーシンボル	投資損益（億ドル）
1	アップル	AAPL	1276.90
2	コカ・コーラ	KO	230.81
3	アメリカン・エキスプレス	AXP	230.06
4	バンク・オブ・アメリカ	BAC	157.97
5	ムーディーズ	MCO	78.20
6	ジレット		50.26
7	プロクター・アンド・ギャンブル	PG	45.22
8	ウェルズ・ファーゴ	WFC	32.69
9	ペトロチャイナ	PTR	28.54
10	シェブロン	CVX	26.85
11	連邦住宅金融抵当公庫		23.38
12	ビザ	V	20.46
13	ベリサイン	VRSN	20.25
14	フィリップス66	PSX	18.16
15	バーリントン・ノーザン・サンタフェ		18.11
16	マスターカード	MA	17.00
17	ダビータ	DVA	16.33
18	コストコ・ホールセール	COST	14.22
19	アメリプライズ・ファイナンシャル	AMP	14.08
20	ウォルト・ディズニー	DIS	12.55
21	リバティメディア種類株		12.42
22	グラハムホールディングス	GHC	11.72
23	ゴールドマン・サックス	GS	11.61
24	USG		10.47
25	チャーター・コミュニケーションズ	CHTR	9.67
26	ウォルマート・ストアズ	WMT	9.14
27	USバンコープ	USB	9.13
28	アッヴィ	ABBV	9.11
29	ディレクTV		8.95
30	クローガー	KR	8.94

注：投資損益は2023年8月18日現在の実現損益または評価損益で、配当を除く。その後の上場廃止などでティッカーシンボルが不明な銘柄は空欄とした
出所：バークシャー・ハザウェイ「保有銘柄報告書（13F）」及び「株主への手紙」のデータをもとに筆者作成

図20　バークシャー・ハザウェイの投資損益のワースト20

順位	銘柄名	ティッカーシンボル	投資損益（億ドル）
1	クラフト・ハインツ	KHC	-120.22
2	パラマウント・グローバル	PARA	-17.39
3	ベライゾン・コミュニケーションズ	VZ	-12.96
4	アメリカン航空	AAL	-12.18
5	IBM	IBM	-11.45
6	デルタ航空	DAL	-11.36
7	リバティメディア種類株	LSXMA	-10.16
8	JPモルガン・チェース	JPM	-7.66
9	スノーフレーク	SNOW	-6.33
10	シティグループ	C	-5.52
11	ヒューレット・パッカード	HPQ	-5.19
12	サウスウエスト航空	LUV	-4.82
13	テバ・ファーマスーティカルズ	TEVA	-4.47
14	ユナイテッド航空	UAL	-4.35
15	リバティメディア種類株	LSXMK	-4.18
16	リバティ・グローバル	LBTYA	-2.98
17	アライ・ファイナンシャル	ALLY	-2.80
18	オラクル	ORCL	-2.65
19	ヌー・ホールディングス	NU	-2.32
20	シカゴ・ブリッジ・アンド・アイアン	CBI	-2.27

注：投資損益は2023年8月18日現在の実現損益または評価損益で、配当を除く

出所：バークシャー・ハザウェイ「保有銘柄報告書（13F）」及び「株主への手紙」のデータをもとに筆者作成

第3位はアメリカン・エキスプレスで230億600万ドル、第4位はバンク・オブ・アメリカで157億9700万ドル、第5位はムーディーズで78億2000万ドルです。

悪かったほうでは、クラフト・ハインツがワーストワンで120億2200万ドルの損失でした。2015年の経営統合時に多額の出資をした銘柄で、現在も持ち分法適用の関連会社として経営に携わっていますが、バフェットさんは2019年の株主総会でこの会社への投資は失敗だったと認めました。

最下位から5番目に顔を出したIBMへの投資損失については、本章で説明した通りです。コンピューターのダウンサイジングの流れに乗り遅れた同社の復活を期して、2011年から多額の投資を始めたのですが、思惑が外れたかたちになりました。

ワースト20のなかに航空会社が4社、顔を出しているのも気がつくのではないでしょうか。損失の大きいほうからアメリカン、デルタ、サウスウエスト、ユナイテッドです。2016年7~9月期(サウスウエストは10~12月期)に一斉に投資を始めたのですが、新型コロナウイルスの流行が始まった2020年4月ごろに全株を手放しました。

今回の投資損益の計算では、集計の都合上、四半期末の株価で売却したとの仮定を置いています。しかし、米国のメディアで航空4社の売却株価はもっと低かったと報じられています。具体的にはアメリカンが11ドル33セント(6月末株価は13ドル7セント)、デルタが22ドル25セント(同28ドル5セント)、サウスウエストが30ドル11セント(同34ドル18セント)、ユナイテッドが27ドル79セント(同34ドル61セント)だったそうです。

航空4社の投資損失額は図20の表に掲載している数字よりも大きかったようです。バフェットさんもパンデミックには勝てなかったということかもしれません。

投資効率がよかったのは——アップルを例に考えてみる

投資をしてリターンが確保できたかどうかを計算するときに、リターンの絶対額を比較するのも1つの方法ですが、投資元本に対してどれだけの運用益を確保できたかと考えることも重要です。確かにアップル株では、配当を除いても１２７６億ドルもの投資収益を確保しました。「確保」したといってもまだ評価益の段階ですから、最終的にすべてを売却して投資を終えたときに手元にどれだけ残るかはわかりませんが、すごい利益であることは確かです。

ではアップル株に元本ベースでどれだけの投資をしたのでしょうか。途中で買い増しなどをしていますから、計算が難しいように感じるかもしれませんが、実はこれも保有銘柄報告書（13F）のデータからある程度は導き出すことができます。図21はバークシャー・ハザウェイの保有銘柄報告書（13F）に掲載されたアップル株の保有状況です。２０２０年8月に実施した１対４の株式分割を反映させ、それ以前の保有株数と保有単価を修正してあります。

すべての売買は四半期末の株価で実施したとの仮定ですから、２０１６年3月末の保有銘柄報告書に初登場したときの初期投資額は３９２４万７０００株に27ドル25セントを掛け、10億６９００万ドルになります。３月末の保有金額欄にある金額と同額です。

図21　保有銘柄報告書から読み取れるアップル株の保有状況

	保有金額（億ドル）	保有株数（万株）	保有単価（ドル）
2016年3月	10.69	3924.70	27.25
2016年6月	14.56	6091.08	23.90
2016年9月	17.21	6091.08	28.26
2016年12月	66.43	22943.86	28.95
2017年3月	185.83	51742.84	35.91
2017年6月	187.50	52076.78	36.00
2017年9月	206.66	53637.11	38.53
2017年12月	279.79	66133.58	42.31
2018年3月	401.95	95827.05	41.95
2018年6月	466.40	100782.35	46.28
2018年9月	569.95	100991.51	56.44
2018年12月	393.70	99835.73	39.44
2019年3月	474.09	99835.73	47.49
2019年6月	493.99	99835.73	49.48
2019年9月	557.32	99535.47	55.99
2019年12月	719.90	98062.23	73.41
2020年3月	623.41	98062.23	63.57
2020年6月	894.33	98062.23	91.20
2020年9月	1093.59	94429.56	115.81
2020年12月	1177.14	88713.56	132.69
2021年3月	1083.64	88713.56	122.15
2021年6月	1215.02	88713.56	136.96
2021年9月	1255.30	88713.56	141.50
2021年12月	1575.29	88713.56	177.57
2022年3月	1555.64	89092.34	174.61
2022年6月	1223.37	89480.23	136.72
2022年9月	1236.62	89480.23	138.20
2022年12月	1163.05	89513.62	129.93
2023年3月	1509.76	91556.04	164.90
2023年6月	1775.91	91556.04	193.97

注：2020年8月の株式分割調整後。保有単価は筆者の計算値
出所：バークシャー・ハザウェイ「保有銘柄報告書（13F）」

図22　四半期の資金投入額の試算方法

前四半期末株価 ×（今四半期末保有株数 － 前四半期末保有株数）＝ 今四半期の資金投入額（マイナスは売却）

アップル株の2016年4～6月期に適用すると

23ドル90セント ×（6091万800株 － 3924万7000株）＝ 5億1776万ドル

注：すべての売買を四半期末の株価で四半期末に実施したと仮定したうえでの試算のため、現実の資金投入額とは異なる

２０１６年６月末には保有株数が６０９１万８００株になりました。３月末に比べて２１６６万３８００株の増加です。これは６月末の株価の23ドル90セントで買ったこととして計算します。６月末に追加された投資元本は約５億１８００万ドルと算出できます（図22）。３月末に投資した分と足し合わせると、15億８７００万ドルがつぎ込まれたことになります。表には６月末の保有金額が14億５６００万ドルと書いてあります。投資元本に比べ１億３１００万ドル足りません。４～６月期の株価の下落で目減りしたキャピタルロスです。

保有株数は２０１６年12月末にも１億６８

53万株増え、2017年3月末にも2億8799万株増えました。それぞれ四半期末の株価を掛け合わせて、つぎ込んだ投資元本の金額を計算しますから、2016年10~12月期には48億7972万ドルが追加投資され、2017年1~3月期には103億4315万ドルが追加投資されたことになります。

投資元本は累計288億ドル

バークシャー・ハザウェイがアップルに投資し始めてから2023年4~6月期までに30四半期を数えています。このうち11四半期は保有株数に変化がありませんでしたが、14四半期は初期投資も含め、保有株数が増加しました。残りの5四半期には保有株数が減少しました。具体的には2018年10~12月期から2020年10~12月期にかけての9四半期のうちの5四半期ですが、この時期はアップル株を持ちすぎなのを懸念して一部売却に動いたようです。

前段で説明した方法で投資元本の増減額を計算すると、2018年7~9月期までに初期投資を含めて376億8455万ドルの資金がアップル株に振り向けられました。その後、２０２０年10～12月期にかけて売却によって１３４億９７０１万ドルの資金が引き出されましたが、しばらく休んだ後、２０２２年１～３月期から追加投資が再開され、合計で46億３０５万ドルがつぎ込まれました。

おカネに色はついていないとはいえ、２０２２年１～３月期以降につぎ込んだおカネは、２０１８年10～12月期から２０２０年10～12月期に売却によって得た資金の一部と考えるべきでしょうから、ピーク時に振り向けていた投資元本は２０１８年９月末の３７６億８４５５万ドルということになります。

そのタネ銭をもとに獲得した利益は２０２３年８月18日までに１２７６億９０００万ドルだったわけですから、元本に対する投資収益率は３・39倍ということになります。繰り返しますが、これは配当を除いた数字です。

ベストの投資はＢＹＤか

同様の計算はバークシャー・ハザウェイが保有しているほかの銘柄でもできるはずです。たとえばコカ・コーラは、「株主への手紙」に記載された投資元本が12億

9900万ドル、投資収益が2023年8月18日までで230億8100万ドルでしたから、投資収益率は17・77倍です。

超長期保有のアメリカン・エキスプレスも「株主への手紙」に記載された投資元本が12億8700万ドル、投資収益が2023年8月18日までで230億600万ドルでしたから、投資収益率は17・88倍という計算になります。

単にラッキーだったのか、日ごろの研究のたまものなのかはわかりませんが、株式投資を長年続けていれば、たくさんの失敗のなかで、保有株の株価が10倍以上になる場面にめぐり合うこともあります。だから皆さんの周りにもその快感が忘れられず、「三度のメシよりも株が好き」といった感じの人がいるのではないでしょうか。

データの検証が十分にできないため、全銘柄の投資収益率のランキングなどの作成は控えますが、バークシャー・ハザウェイの主な保有銘柄のうち、最も投資収益率が高そうなのは、中国の電気自動車メーカーのBYDです。

外国株なので保有銘柄報告書(13F)への記載はなく、「株主への手紙」への記述を頼りにするしかありませんが、2021年12月末現在で保有株数は2億2500

万株、取得元本は2億3200万ドル、時価は76億9300万ドルでした。その後、バフェットさんはBYD株を少しずつ売却しているようですが、投資収益率は一時、33・16倍にもなりました。

ただ、保有期間を考慮に入れずに、投資収益が元本に対して何倍になったかなどという計算には、あまり意味がないという「理論家」もいますから、この話はこの程度にしておきましょう。

理屈だけをいえば、バークシャー・ハザウェイがコカ・コーラ株の仕込みを終了した1994年には、米国株を代表する株価指数のS&P500は459・27(年末値)でした。2023年8月18日のS&P500は4369・71ですから、S&P500に連動するインデックス型の投資信託を買っていても、元本は9・51倍になりました。

コカ・コーラの上昇率はこれを上回りましたが、驚くほどではありません。コカ・コーラの代わりに、たとえば1994年末に3・82ドル(株式分割の権利落ち修正後)だったマイクロソフト株を買って持ち続けていれば、2023年8月末の資産は83

倍近くになっていました。バフェットさんは慧眼でしたが、千里眼というわけではなさそうです。

第4章　四半期ごとの投資収益の分析

銘柄ごとの損益を積み重ねる――ポートフォリオ戦略とは

第4章では「ポートフォリオ」という言葉を説明します。もともとは「書類を運ぶケース」といった意味ですが、いろいろな場面で使われる言葉です。たとえば、フリーで働くクリエイターらがどこかに自分を売り込もうとする場合、一般に作品集を提出しますが、それを「私のポートフォリオ」と呼ぶことがあります。

クリエイターに限らず、最近は就職活動などでも自己PRのためにポートフォリオを作成することがあるようです。履歴書や職務経歴書は様式が決まっていて、自己アピールには使いにくいですが、ポートフォリオならば自由な発想で作れそうですから、何をしてきたかを具体的に書き込み、写真を添えるなど、好印象を与える工夫ができるかもしれません。

資産運用の世界では、ポートフォリオは「金融資産の組み合わせ」といった意味で使います。ある程度の金融資産を保有している家計ならば、ポートフォリオという言葉を使っているかどうかはともかくとして、普通預金、定期預金、個人向け国債、外貨預金、投資信託、個別株などのさまざまな金融商品を保有しているでしょう。この組み合わせがその家計のポートフォリオなのです。

どんな金融商品にどれだけの資金を振り向けるかについても、一定の考え方を持っている場合が多いと思います。昨今は預金金利がほぼゼロなので、定期預金をしておく意味がありませんが、日常的に使うおカネは普通預金、将来の大型支出に備えるおカネは定期預金や個人向け国債、老後に備えるおカネは投資信託、運試しに回せる余裕資金は個別株という具合に分け、バランスを保つといった話です。

どんなふうにおカネを分散するかは、それぞれの家計によって異なりますが、何があっても困らないようにすることが基本でしょう。家族でよく話し合い、しっかりした考え方に基づいておカネを分散していくことは、家計のポートフォリオ戦略とも呼ばれます。

収益性、安全性、流動性のバランス

２０２２年度から全国の高等学校で始まった金融・投資教育では、金融商品の選択において収益性、安全性、流動性のバランスをとることが重要だと強調されています。値下がりリスクがあっても高いリターンが期待できる商品、元本割れの可能性が極めて小さい商品、いつでも現金に替えることができる商品をほどほどの比率で持つことが重要だというわけです。

バークシャー・ハザウェイのような機関投資家は当然のことながら、しっかりしたポートフォリオ戦略に基づいて資産運用をしています。本業の保険業で得られる保険料収入を元手にして株式などに運用しています。自分のおカネではなく、将来の保険金支払いの原資です。ずさんな運用をし続ければ、それに穴があいてしまいます。

本書の第6章（180ページ）で詳しく説明しますが、いくらバフェットさんが投資活動に力を入れているといっても、運用可能資産のすべてを株式につぎ込んでいるわけではありません。現金や現金同等物（預金など）も持っていますし、長期債なども持っています。買っている株式は基本的に証券取引所に上場していますから、いざとなれば換金することもできます。

全部、株式にしたほうが効率的ではないかという見方もあるでしょうが、株式相場全体が大きく下がるときもあります。もし、ある程度の現金や現金同等物を持っていれば、株式相場急落時には、急落で安くなった銘柄の株式を買い入れることができます。余裕がない運用だと、買いチャンスがきても、動くに動けないのです。

米国株ポートフォリオの損益

バークシャー・ハザウェイの資産運用は全体としてそんな感じになっているということをまず頭に入れておいてください。本章ではこの全体的なポートフォリオのなかで、データが豊富で分析しやすい米国株ポートフォリオ（正確には米国市場に上場している外国企業の株式も含むポートフォリオ）について分析を試みようと思います。

ほかにも日本の大手商社株や中国のBYDなども保有していますが、米証券取引委員会（SEC）に四半期ごとに提出する保有銘柄報告書（13F）に記載されていませんので、特に断りがない限り、本章の分析には含んでいません。

まず、それぞれの四半期にどれだけ収益を上げたかです。それほど難しい話では

米国株ポートフォリオの投資損益試算（次ページへ続く）

2013/3 株価（ドル）	期中騰落幅（ドル）	期中損益（万ドル）	2012/12 時価 保有額（万ドル）
36.99	2.81	123,600	1,503,434
40.44	4.19	167,600	1,450,000
67.46	9.98	151,307	871,458
213.30	21.75	148,151	1,304,752
33.93	1.99	12,192	195,679
77.06	9.17	48,411	358,412
74.83	6.60	31,351	324,101
56.59	6.43	21,886	170,732
20.71	-0.81	-2,463	65,225
53.32	3.00	8,525	142,986
59.30	4.03	10,968	150,409
69.97	16.87	45,826	144,240
27.82	-1.01	-2,525	72,075
60.10	2.11	5,090	139,895
27.99	2.29	4,496	50,459
26.44	-1.63	-2,783	47,922
30.61	5.16	6,628	32,683
61.48	8.74	6,649	40,120
39.87	5.42	3,444	21,887
42.46	4.57	2,840	23,578
33.73	6.34	3,777	16,315
63.80	2.16	1,271	36,190
103.16	4.69	2,524	52,997
5.94	1.64	762	1,998
106.11	7.38	3,198	42,783
70.59	5.40	2,199	26,545
51.08	3.70	1,504	19,254
54.11	4.99	2,019	19,897
85.98	-0.44	-175	34,385
70.51	1.24	481	26,857

図23　バークシャー・ハザウェイの2013年1～3月期の

銘柄名	ティッカーシンボル	2012/12 株数（株）	2012/12 株価（ドル）
ウェルズ・ファーゴ	WFC	439,857,861	34.18
コカ・コーラ	KO	400,000,000	36.25
アメリカン・エキスプレス	AXP	151,610,700	57.48
IBM	IBM	68,115,484	191.55
USバンコープ	USB	61,264,601	31.94
プロクター・アンド・ギャンブル	PG	52,793,078	67.89
ウォルマート・ストアズ	WMT	47,501,182	68.23
ディレクTV		34,037,500	50.16
リバティメディア		30,300,576	21.53
ムーディーズ	MCO	28,415,250	50.32
ダビータ	DVA	27,215,870	55.26
フィリップス66	PSX	27,163,918	53.10
ゼネラル・モーターズ	GM	25,000,000	28.83
コノコフィリップス	COP	24,123,911	57.99
バンク・オブ・ニューヨーク・メロン	BK	19,633,915	25.70
USG		17,072,192	28.07
モンデレズ・インターナショナル	MDLZ	12,840,450	25.45
バイアコム	VIAB	7,607,200	52.74
グローブライフ	GL	6,353,727	34.45
ビザ	V	6,221,836	37.89
アーチャー・ダニエルズ・ミッドランド	ADM	5,956,600	27.39
ナショナル・オイルウェル・バルコ	NOV	5,871,933	61.63
M&Tバンク	MTB	5,382,040	98.47
メディア・ジェネラル		4,646,220	4.30
コストコ・ホールセール	COST	4,333,363	98.73
WABCOホールディングス	WBC	4,071,925	65.19
サノフィ	SNY	4,063,675	47.38
マスターカード	MA	4,050,000	49.13
ディーア	DE	3,978,767	86.42
ゼネラル・ダイナミクス	GD	3,877,122	69.27

2013/3 株価（ドル）	期中騰落幅 （ドル）	期中損益 （万ドル）	2012/12 時価 保有額（万ドル）
47.27	8.45	3,114	14,308
270.09	49.42	14,131	63,100
189.62	0.20	39	37,455
21.87	3.86	672	3,134
51.53	6.06	1,011	7,588
61.62	10.65	1,665	7,969
46.91	3.44	520	6,566
22.23	2.05	125	1,236
81.53	11.43	374	2,293
1.27	0.14	1	10
85.89	12.15	72	438
		830,477	**7,531,362**

ありません。第3章（84ページ）でIBMを引き合いに出して、IBM株が各四半期にどれだけの損益を計上したかを計算する方法を説明しました。

たとえば2013年1～3月期ならば、前四半期末である2012年12月末の保有株数に、2013年1～3月期の株価の変化（3月末の株価から2012年12月末の株価を引いた値）を掛け合わせて算出しました。

バークシャー・ハザウェイが2012年12月末に保有していたすべての銘柄（41銘柄）について、これと同じ計算ができるはずです。図23は表計算ソ

銘柄名	ティッカーシンボル	2012/12 株数（株）	2012/12 株価（ドル）
ベリサイン	VRSN	3,685,700	38.82
グラハムホールディングス	GHC	2,859,451	220.67
プレシジョン・キャストパーツ	PCP	1,977,336	189.42
ガネット	GCI	1,740,231	18.01
クラフト・フーズ		1,668,714	45.47
ベリスク・アナリティックス	VRSK	1,563,434	50.97
グラクソ・スミスクライン	GSK	1,510,500	43.47
ゼネラル・エレクトリック	GE	612,456	20.18
ジョンソン&ジョンソン	JNJ	327,100	70.10
リー・エンタープライジズ	LEE	88,863	1.14
ユナイテッド・パーセル・サービス	UPS	59,400	73.74
合計			

注：四半期中の保有株数の増減などは考慮していない。保有株数や株価は株式分割に伴う権利落ち修正済み。
その後の上場廃止などでティッカーシンボルが不明な銘柄は空欄とした
出所：バークシャー・ハザウェイ「保有銘柄報告書（13F）」

フトを利用して実施した計算過程を示しています。現段階では必要ありませんが、後で使用するので、最右列には２０１２年12月末現在の銘柄ごとの時価での保有額を書き込んであります。

41銘柄すべての損益の合計額が最下行に計算してあります。83億４７７万ドルだったことがわかると思います。銘柄は保有株数順に並べてあって、投資利益の大きい順ではありませんが、「期中損益」の欄を上のほうからたどっていくと、稼ぎ頭はコカ・コーラの16億７６００万ドル、２番目はアメリカン・エキスプレスの15億１３０７万ドル、3番目はＩＢＭの14億８１５１万ドルだったことがわかります。

稼ぎ頭は何だったのか――98期のすべてを計算

保有銘柄報告書は１９９８年12月末から２０２３年６月末まで99回分ありますから、投資損益の計算は１９９９年１～３月期から２０２３年４～６月期までの98期分について実施することができます。話が複雑になるのでやめておきますが、２０２３年６月末現在の保有銘柄の本日（２０２３年８月23日）の株価がわかるのでしたら、今日までの投資損益も計算可能です。

98期のすべてを紹介するのはきりがありませんので、前項で計算した２０１３年１～３月期から２０２３年４～６月期までの42期分について、四半期ごとの投資損益と、利益を上げた銘柄のベスト3を見てみましょう（図24）。後で使用しますので、米国株ポートフォリオの保有銘柄の合計時価も付記しておきます。

米国企業の社名は長いので、ベスト3はティッカーシンボルで記載してあります。アップルは「ＡＡＰＬ」、アメリカン・エキスプレスは「ＡＸＰ」、コカ・コーラは「Ｋ

図24　バークシャー・ハザウェイの四半期ごとの投資損益の試算（次ページへ続く）

年	四半期	投資損益（億ドル）	稼ぎ頭	第2位	第3位	時価保有額（億ドル）
2013年	1～3月期	83.05	KO	AXP	IBM	850.01
	4～6月期	21.31	WFC	AXP	MCO	890.31
	7～9月期	2.73	MCO	GHC	COP	920.35
	10～12月期	95.47	AXP	WFC	KO	1,048.37
2014年	1～3月期	11.20	WFC	IBM	DTV	1,057.73
	4～6月期	37.78	KO	WFC	AXP	1,075.80
	7～9月期	-9.59	IBM	PG	GS	1,077.85
	10～12月期	16.40	WFC	AXP	WMT	1,093.65
2015年	1～3月期	-32.45	DVA	MCO	CHTR	1,071.33
	4～6月期	-1.54	WFC	GS	DTV	1,071.82
	7～9月期	-68.94	KO	PCP	VRSN	1,274.08
	10～12月期	36.07	WFC	KO	KHC	1,318.56
2016年	1～3月期	11.61	KHC	KO	IBM	1,285.70
	4～6月期	20.41	KHC	CHTR	WMT	1,297.05
	7～9月期	4.33	IBM	AXP	CHTR	1,287.87
	10～12月期	94.07	WFC	AXP	GS	1,479.85
2017年	1～3月期	60.50	AAPL	KHC	AXP	1,618.74
	4～6月期	7.94	KO	AXP	DAL	1,621.44
	7～9月期	5.63	AAPL	AXP	PSX	1,776.79
	10～12月期	131.04	BAC	WFC	AAPL	1,912.43

年	四半期	投資損益（億ドル）	稼ぎ頭	第2位	第3位	時価保有額（億ドル）
2018年	1～3月期	-120.68	MCO	BAC	SIRI	1,889.44
	4～6月期	63.65	AAPL	WFC	PSX	1,956.16
	7～9月期	119.32	AAPL	AXP	KO	2,210.20
	10～12月期	-388.48	KO	STOR	PG	1,830.66
2019年	1～3月期	160.52	AAPL	BAC	AXP	1,994.84
	4～6月期	92.46	AXP	AAPL	KO	2,081.01
	7～9月期	88.06	AAPL	KO	WFC	2,146.73
	10～12月期	326.80	AAPL	BAC	KHC	2,420.51
2020年	1～3月期	-646.47	AMZN	DVA	KR	1,755.27
	4～6月期	390.77	AAPL	BAC	KHC	2,024.11
	7～9月期	280.61	AAPL	KO	AXP	2,288.91
	10～12月期	374.57	AAPL	BAC	AXP	2,699.28
2021年	1～3月期	63.95	BAC	AXP	KHC	2,704.35
	4～6月期	248.49	AAPL	AXP	BAC	2,930.23
	7～9月期	22.86	AAPL	BAC	SNOW	2,934.47
	10～12月期	384.43	AAPL	KO	BAC	3,309.53
2022年	1～3月期	-30.39	AXP	CVX	KHC	3,635.54
	4～6月期	-659.49	KO	OXY	MCK	3,001.31
	7～9月期	-84.62	AAPL	OXY	SNOW	2,960.97
	10～12月期	125.43	CVX	KO	BAC	2,990.08
2023年	1～3月期	282.18	AAPL	AXP	MCO	3,251.09
	4～6月期	282.27	AAPL	AXP	MCO	3,481.94

注：投資収益ベスト3はティッカーシンボルで記載。個々の企業名は124ページの参照表をご覧ください

出所：バークシャー・ハザウェイ「保有銘柄報告書（13F）」

0」という具合です。ほかの銘柄は図25をご覧ください。日本の証券コードのようなものですが、無味乾燥な数字の羅列ではないので、覚えやすいのではないでしょうか。

稼ぐ銘柄は決まっている？

２０１３年１～３月期から２０２３年１～３月期までの42四半期について、稼ぎ頭から第３位までの銘柄を書き入れましたから、延べ１２６銘柄が登場したことになります。しかし、同じ銘柄が何度も登場するので、実際には図25のティッカーシンボル参照表で取り上げた28銘柄しか、ベスト３に入ったことがありません。

第２章で説明した通り、バークシャー・ハザウェイの米国株ポートフォリオはごく少数の銘柄に資金を集中させる傾向がありますから、稼ぎを出せる銘柄も決まっているといってもいいでしょう。過去42四半期間でベスト３への登場回数が最も多いのは、アメリカン・エキスプレスで20回でした。コカ・コーラと並んで超長期保有銘柄の代表格です。42四半期のうち20回ですから、打率は４割７分６厘になりま

図25　ティッカーシンボル参照表

ティッカーシンボル	銘柄名（企業名）	ベスト3への登場回数
AAPL	アップル	18
AMZN	アマゾン・ドット・コム	1
AXP	アメリカン・エキスプレス	20
BAC	バンク・オブ・アメリカ	11
CHTR	チャーター・コミュニケーションズ	3
COP	コノコフィリップス	1
CVX	シェブロン	2
DAL	デルタ航空	1
DTV	ディレクTV	2
DVA	ダビータ	2
GHC	グラハムホールディングス	1
GS	ゴールドマン・サックス	3
IBM	IBM	5
KHC	クラフト・ハインツ	8
KO	コカ・コーラ	15
KR	クローガー	1
MCK	マッケソン	1
MCO	ムーディーズ	6
OXY	オキシデンタル・ペトロリアム	2
PCP	プレシジョン・キャストパーツ	1
PG	プロクター・アンド・ギャンブル	2
PSX	フィリップス66	2
SIRI	シリウスXM	1
SNOW	スノーフレーク	2
STOR	ストア・キャピタル	1
VRSN	ベリサイン	1
WFC	ウェルズ・ファーゴ	11
WMT	ウォルマート	2

注：アルファベット順。図24に登場する銘柄のみ

す。

第2位はアップル。2016年3月末の保有銘柄報告書(13F)に初めて登場しましたから、投資収益が計算可能なのは29四半期しかありませんが、このうち18四半期でベスト3に入りました。打率は6割2分1厘ということになります。第3位はコカ・コーラの15回。打率は3割5分7厘でした。

図26　バークシャー・ハザウェイの累計投資収益の構成

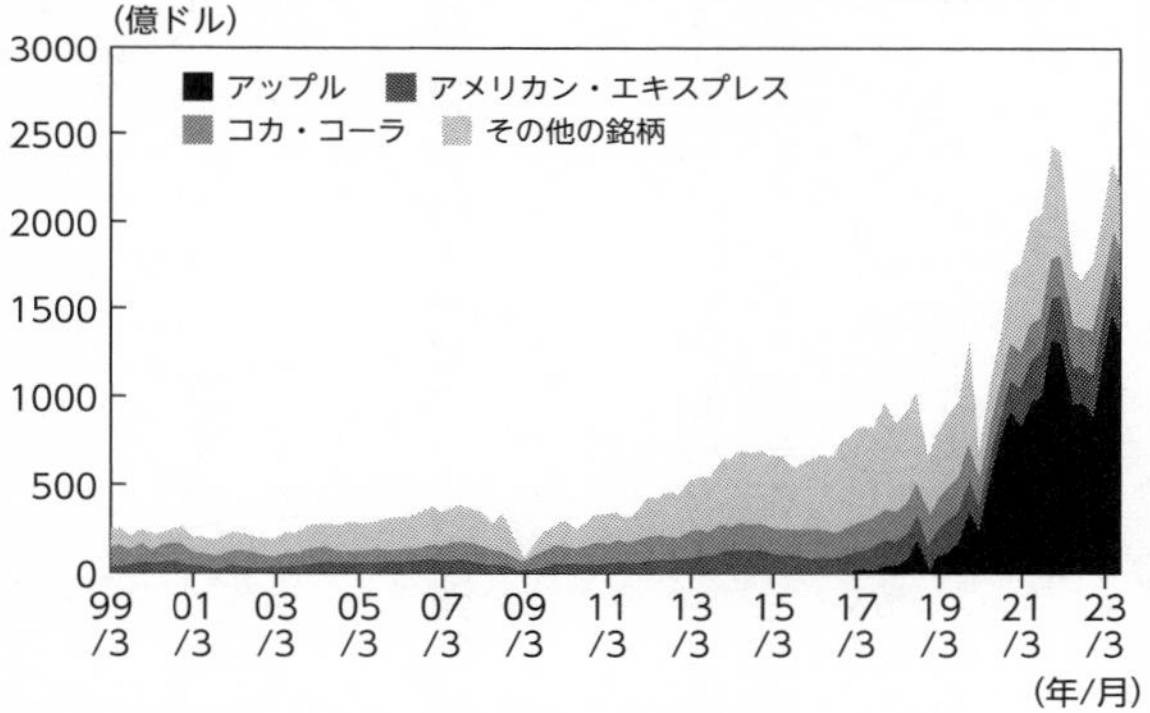

注：数値は各四半期末。「株主への手紙」から得られる情報は加味していない
出所：バークシャー・ハザウェイ「保有銘柄報告書（13F）」

第4位はバンク・オブ・アメリカとウェルズ・ファーゴが11回で並んでいます。ただ、バークシャー・ハザウェイは1994年以前から保有していたウェルズ・ファーゴ株への投資を2021年に入ってから大幅に縮小し、2022年1～3月期には全部、売り切りました。バフェットさんは株価を追いかけるのではなく、事業家の目で企業を見て投資するのが基本ですから、2016年ごろから顧客に無断でクレジットカードを作るなど、従業員による不正行為がたびたび報道されるようになったこの銀行を敬遠したのかもしれません。

図26はバークシャー・ハザウェイが歴史的にどの銘柄で稼いできたかを時系列で示したグラフです。やはり2016年1~3月期にアップルを「発掘」した効果が大きかったことがわかります。2016年以降だけを切り取ると、合計の利益は1510億ドルになりますが、うち1277億ドルはアップルが生んだものです。

累計投資収益率の計算――投資損益を直前の時価保有額で割る

119ページで米国株ポートフォリオの2013年1~3月期の収益額が83億4477万ドルだったと説明しました。このときに使用した図23の表には銘柄ごとの2012年12月末の時価保有額も付記しました。保有していた41銘柄の時価保有額を合計すると、表の最下段に記入した通り、753億1362万ドルになります。

なんとなく察しがつくと思いますが、四半期の投資収益を前四半期末の合計時価保有額で割ると、その四半期の投資収益率が計算できます。2013年1~3月期の場合は83億4477万ドルを753億1362万ドルで割って百分率表示をすると、11・03%になります。言い換えれば、1だったものが1・1103になったというわけです。

なお、この計算に基づく投資収益率は配当収入を含んでいません。株価の騰落だけをもとに個々の保有銘柄の投資損益を計算しています。米国株ポートフォリオの投資収益率は、個々の銘柄の投資損益を合計することで導き出しています。

すべての四半期について、これと同じ計算ができるはずです。２０１３年４～６月期は投資収益が21億３１００万ドルでした。前四半期末、つまり、２０１３年３月末の時価保有額は８５０億１００万ドルでした。１２９ページの図27をもとに計算する場合は、計算の分母となる時価保有額は、投資収益と同じ行に書いてある２０１３年６月末の金額ではなく、１行上に書いてある３月末の金額を参照するのが注意点です。

計算すると、この四半期の投資収益率は２・51％でした。あるいは１だったものが１・０２５１になったというわけです。

２０１３年７～９月期は投資収益が２億７３００万ドル、前四半期末の時価保有額が８９０億３１００万ドルでしたから、投資収益率は０・31％、あるいは１・０

031倍だったと試算できます。10〜12月期は投資収益が95億4700万ドル、前四半期末の時価保有額が920億3500万ドルでしたから、投資収益率は10・37%、あるいは1・1037倍となります。

四半期投資収益率から年間投資収益率へ

数字の取り扱いに慣れた人にとっては、このあたりの説明は不要かもしれませんが、2013年の各四半期の投資収益率は図27のようになっています。投資収益率はパーセント表示と倍率表示の両方を書きました。好みの問題ではありますが、図27のデータから年間の投資収益率を計算する場合には、倍率表示のほうが活用しやすいのではないかと感じます。

1〜3月期に1・1103倍になり、4〜6月期に1・0251倍になり、7〜9月期に1・0031倍になり、10〜12月期に1・1037倍になったわけですから、2013年の1年間で何倍になったかは、この4つの数字をすべて掛け合わせるだけでいいのです。1・1103×1・0251×1・0031×1・1037

図27　米国株ポートフォリオの投資収益率の計算

	四半期	投資損益（億ドル）	当該四半期末の時価保有額（億ドル）	投資収益率（%）	倍率表示（倍）
2012年	10～12月期		753.14		
2013年	1～3月期	83.05	850.01	11.03	1.1103
	4～6月期	21.31	890.31	2.51	1.0251
	7～9月期	2.73	920.35	0.31	1.0031
	10～12月期	95.47		10.37	1.1037

注：2013年1～3月期から10～12月期までの投資収益率の計算に必要な数値のみ記載

という計算の結果は1・2600です。

1だったものが1年間で1・2600倍になったわけですから、これをパーセント表示にする場合には、すぐに26・00％という答えが得られるでしょう。

ちなみに表計算ソフトの初歩のような話ですが、一列のセルに入れたデータを掛け合わせる場合には、いちいち掛け算の符号（×）を使って計算させる必要はありません。数値を足し合わせるときにSUM関数を使うのと同様、PRODUCT関数を使用すればいいだけです。

四半期の投資収益率から、1年間の投資収益率をはじき出す場合には3回の掛け算をすればいいだけですが、何年にもわたる投資収益率を計算するときには、何十回も掛け算をしなければなりません。これもPRODUCT関数を使えば一発です。表計算ソフトの関数の使い方を熟知すれば、ほかにも活用できる場面は山ほどありますから、身につけて損はないでしょう。

というか、表計算ソフトを使いこなせるかどうかで生涯収入は何倍も違うかもしれませんから、お金持ちになれるかどうかという観点からいえば、資産運用ノウハウを身につけるよりずっと大切かもしれません。

ベンチマークとの比較——1998年末からの長期収益率

四半期収益率から年間収益率が計算できるのでしたら、任意の期間の収益率は自由自在に算出できるのではないかと思います。米国株ポートフォリオの四半期末の時価保有額のデータは1998年12月末から2023年6月末まで99個そろっています。四半期ごとの投資損益は1999年1〜3月期から2023年4〜6月期までで98個のデータがあります。

そういうデータが最初からどこかに転がっているわけではありませんが、バークシャー・ハザウェイが米証券取引委員会（SEC）に四半期ごとに提出する保有銘

図28　バークシャー・ハザウェイ米国株ポートフォリオの年間投資収益率とベンチマーク

年	年間投資収益率	S&P500騰落率
1999	-2.87	19.53
2000	5.03	-10.14
2001	-16.52	-13.04
2002	-2.41	-23.37
2003	24.17	26.38
2004	5.86	8.99
2005	5.76	3.00
2006	14.66	13.62
2007	-1.51	3.53
2008	-24.51	-38.49
2009	16.26	23.45
2010	11.49	12.78
2011	3.07	0.00

年	年間投資収益率	S&P500騰落率
2012	13.62	13.41
2013	26.00	29.60
2014	5.32	11.39
2015	-6.77	-0.73
2016	10.34	9.54
2017	12.70	19.42
2018	-15.31	-6.24
2019	36.68	28.88
2020	18.73	16.26
2021	27.40	26.89
2022	-17.84	-19.44
2023	18.94	15.91

注：単位＝%。2023年は1〜6月の収益率（年率換算していない）
出所：バークシャー・ハザウェイ「保有銘柄報告書（13F）」のデータをもとに筆者作成

柄報告書（13F）の記載内容を丹念に表計算ソフトに落とし、権利落ち修正などの面倒なことを施して、データベースの完成度を高めると、いろいろなことが縦横無尽に分析できるようになるのです。

四半期収益率を全部書き込むと表が大きくなってしまいますので、図28では四半期収益率をもとに筆者が試算した年間収益率を1999年から2023年6月まで書き込みました。比較対象の指数（ベンチマーク）として、S&P500の年間騰落率（2023年は6月までの騰落率）

を付記しました。24年と6カ月分のデータになります。

ベンチマークを上回る投資成果を出すことを「アウトパフォーム」といいます。バークシャー・ハザウェイの米国株ポートフォリオの年間投資収益率が、S&P500の年間上昇率を上回った場合は「バフェットさんはアウトパフォームした」と高い評価を受けます。図28の表でいえば、2019年から2023年1〜6月までは4年半連続でアウトパフォームしています。2022年のように投資損益がマイナスだった年もありますが、マイナスの度合いがS&P500の下落率よりも小幅ならば、これもアウトパフォームと呼ばれます。

ほかにも2002年と2008年は年間投資収益率がマイナスでしたが、S&P500の下落率のほうが大きかったので、定義上はアウトパフォームといえます。

バフェットさんでも指数に負ける

逆に、バークシャー・ハザウェイの米国株ポートフォリオの年間投資収益率がS&P500の年間上昇率を下回った場合は、アンダーパフォームと呼ばれます。「投資の神様にそんなことってあるの？」と思われるかもしれませんが、表に掲げた24年間（プラス6カ月）のデータを振り返ると、１９９９年、２００１年、２００３～２００４年、２００７年、２００９～２０１０年、２０１３～２０１５年、２０１７～２０１８年と、けっこうな頻度でアンダーパフォームになっています。

ただ、筆者から見れば、これは当たり前のことなのです。インサイダー取引などの不正行為をしない限り、株式相場で市場平均の指数に勝つチャンスは、ベテランにも初心者にも、プロにもアマチュアにも平等に開かれていますから、バフェットさんも含め、誰でも勝ったり負けたりするのです。

鬼門だった2010年代

図29のグラフは、１９９８年末時点の１００ドルを、バークシャー・ハザウェイの米国株ポートフォリオの投資収益率通りに増やしていったら、２０２３年6月末にいくらになっていたかを示しています。この投資収益率には配当を含んでいません。比較対象としてS&P５００の推移も書き込みました。

図29　1998年末に100ドルを投じていたら…

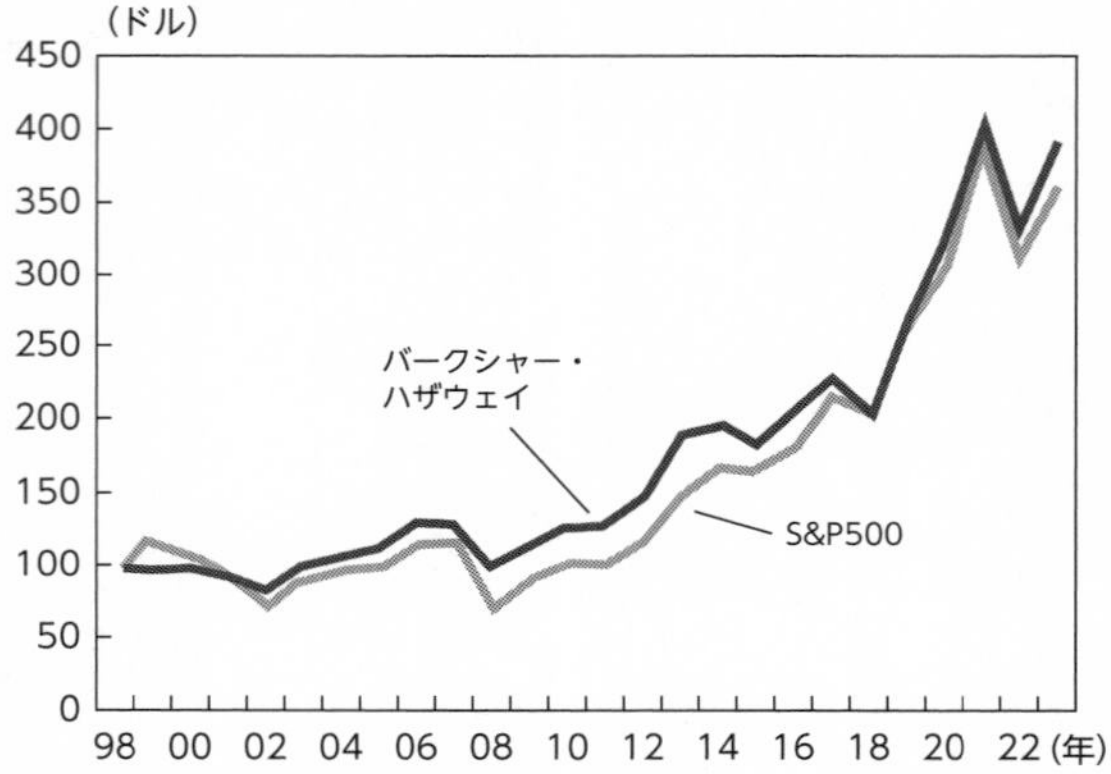

注：額面は各年末時点（2023年は6月末）
出所：バークシャー・ハザウェイの投資収益率は「保有銘柄報告書（13F）」のデータをもとに筆者試算、S&P500は米国のYahoo! Finance

２０２３年６月末の資産額は、最初の元本の１００ドルがバークシャー・ハザウェイの米国株ポートフォリオの投資収益率通りに増えていれば、３９３・６ドルになります。もし元本の１００ドルをＳ＆Ｐ５００に連動する投信に振り向けていれば、３６２・05ドルにとどまっていましたから、24年半の成果としてはバフェットさんの慧眼に頼ったほうがより多く報われました。

ただ、グラフで２つの折れ線の推移をもう少し詳しく見ると、２０２３年ごろの両者の差は、２０１３

年ごろの両者の差に比べて小さく見えます。つまり、2013年から2023年6月末にかけては、リターンの点で、S&P500がバークシャー・ハザウェイの米国株ポートフォリオを追い上げていたと考えることができます。

実際、2012年末に元本100ドルを投資したと仮定すると、2023年6月末にはバークシャー・ハザウェイの米国株ポートフォリオに沿った運用の場合、資産額は263・3ドルになったと試算できます。S&P500に連動する投信を買っていた場合には、元本100ドルが312・0ドルになっていました。運用成績という観点から見ると、バフェットさんは「普通」なのです。

個人が利益を享受するには――「経営者」バフェットさんを買う

ただ、バークシャー・ハザウェイは保険業を中心とした会社であって、投資信託ではありませんから、全体の資産運用ポートフォリオにせよ、米国株ポートフォリオにせよ、個人投資家がそのリターンを直接、享受することはできません。世界中に広がるバフェットさんの信奉者が購入しているのはバークシャー・ハザウェイが発行している株式です。

ニューヨーク証券取引所にはA株とB株の2種類の株式が上場しています。日本では1つの会社が複数の種類の株式を発行する例はあまりありませんが、海外ではときどき見かけます。A株はクラスA、B株はクラスBと呼ぶこともあります。

ティッカーシンボルはA株が「BRK－A」、B株が「BRK－B」です。株価や売買高を確認するには、米国のヤフー！ファイナンスなどで見るのが簡単だと思います。8月23日現在の株価はA株が53万7149ドル94セント、B株が354ドル26セントとなっています。

米国株は1株単位で売買できますが、A株を買うには7700万円ほどの資金が必要で、もっぱら機関投資家向けです。B株は5万1000円ほどで買えます。日本の多くのオンライン証券会社で取り扱っています。B株はA株を1500分割したものに相当します。ただし、B株の議決権はA株の1万分の1と決まっています。

B株の株主でも毎年5月初めごろにネブラスカ州オマハのアリーナで開かれる株主総会に出席することができます。筆者は株主ではないので、正確なことはわかりませんが、日本の株主にも株主総会の案内が届くようです。会長兼最高経営責任者（CEO）を務めるバフェットさんのありがたいお言葉を直接、聞くことができるかもしれません。

S&P500を大きくアウトパフォーム

バークシャー・ハザウェイの株式は無配ですので、株価の上昇率を何らかの株価指数と比較しようと考えた場合には、配当込み指数を利用しなければ正しい比較にはなりません。図30のグラフは1998年末に元本100をバークシャー・ハザウェイ株に投じた場合と、配当込みS&P500に連動する投信に投じた場合のその後の資産額の変化を示しています。

2023年8月23日現在ではバークシャー・ハザウェイ株が770・0、配当込みS&P500が568・6ですから、24年8カ月の投資の成果としては、かなりの差がついています。もっと昔の1965年からバークシャー・ハザウェイの株式を買っていた場合には、もっと大差がついていました。

図30　バークシャー・ハザウェイの株価と配当込みS&P500

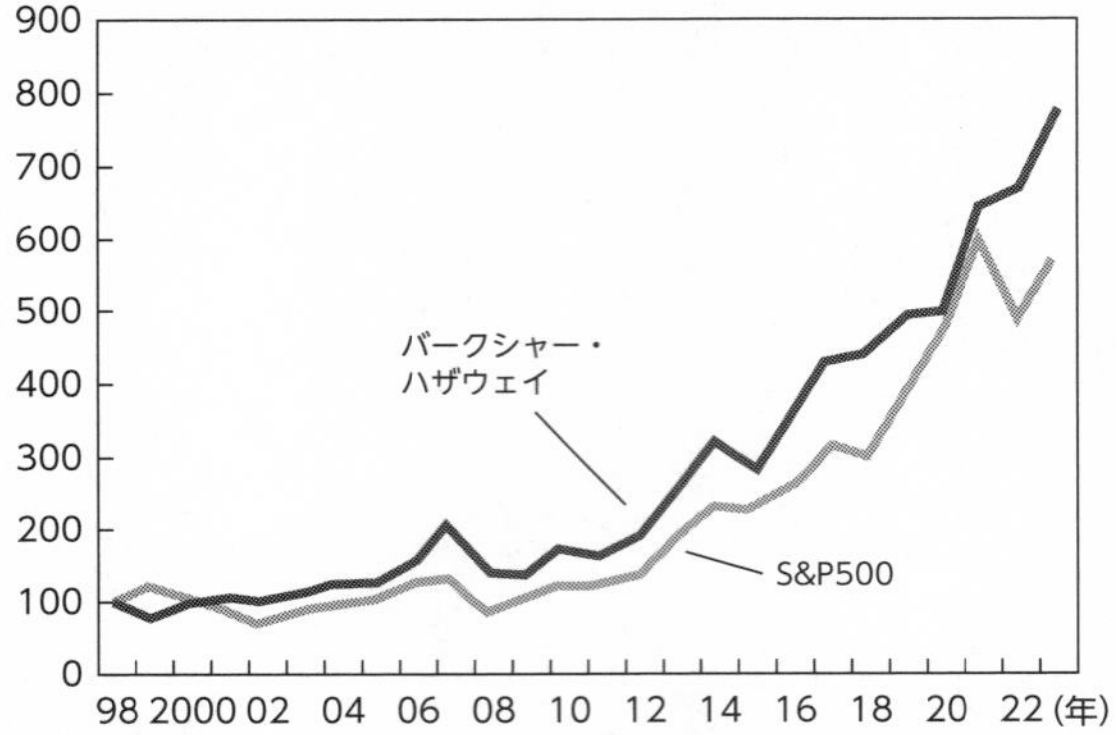

注：1998年末を100として指数化。額面は各年末時点（2023年は8月23日）
出所：米国のYahoo! Finance

バフェットさんがしたためている「株主への手紙」の冒頭部分には毎年、1ページ大の表が掲載されています。図31は、そのなかからデータだけを抜き出したものです。たとえば2022年版を見ると、元の表では最も下の行に「1965年から2022年までのリターン」として、年率換算では19・8%、トータルでは378万7464%（3万7800倍余り）と書き込まれています。同じ期間の配当込みS&P500の上昇率は年率換算で9・9%、トータルでは2万4700%（248倍）

図31　バークシャー・ハザウェイの株価とS&P500の上昇率

年	バークシャー	配当込みS&P500	勝ち負け
1965	49.5	10.0	○
1966	-3.4	-11.7	○
1967	13.3	30.9	×
1968	77.8	11.0	○
1969	19.4	-8.4	○
1970	-4.6	3.9	×
1971	80.5	14.6	○
1972	8.1	18.9	×
1973	-2.5	-14.8	○
1974	-48.7	-26.4	×
1975	2.5	37.2	×
1976	129.3	23.6	○
1977	46.8	-7.4	○
1978	14.5	6.4	○
1979	102.5	18.2	○
1980	32.8	32.3	○
1981	31.8	-5.0	○
1982	38.4	21.4	○
1983	69.0	22.4	○
1984	-2.7	6.1	×
1985	93.7	31.6	○
1986	14.2	18.6	×
1987	4.6	5.1	×
1988	59.3	16.6	○
1989	84.6	31.7	○
1990	-23.1	-3.1	×
1991	35.6	30.5	○
1992	29.8	7.6	○
1993	38.9	10.1	○
1994	25.0	1.3	○
1995	57.4	37.6	○
1996	6.2	23.0	×
1997	34.9	33.4	○
1998	52.2	28.6	○
1999	-19.9	21.0	×
2000	26.6	-9.1	○
2001	6.5	-11.9	○
2002	-3.8	-22.1	○
2003	15.8	28.7	×
2004	4.3	10.9	×
2005	0.8	4.9	×
2006	24.1	15.8	○
2007	28.7	5.5	○
2008	-31.8	-37.0	○
2009	2.7	26.5	×
2010	21.4	15.1	○
2011	-4.7	2.1	×
2012	16.8	16.0	○
2013	32.7	32.4	○
2014	27.0	13.7	○
2015	-12.5	1.4	×
2016	23.4	12.0	○
2017	21.9	21.8	○
2018	2.8	-4.4	○
2019	11.0	31.5	×
2020	2.4	18.4	×
2021	29.6	28.7	○
2022	4.0	-18.1	○

注：単位＝%。「勝ち負け」はバークシャー・ハザウェイ株の上昇率が配当込みS&P500の上昇率を上回った場合（下落率が下回った場合を含む）を勝ち（○）とした
出所：バークシャー・ハザウェイ「株主への手紙」2022年版

だったとのことです。バークシャー・ハザウェイの株式を58年間持ち続けていたら、S&P500に連動するインデックス投信を保有していた場合に比べて150倍ぐらいのお金持ちになっていたわけです。

ただ、バフェットさんは創業経営者ですから、最初からバークシャー・ハザウェイの株式を保有していて大富豪になりましたが、一般の投資家が58年前にバークシャー・ハザウェイの株式を有望だと見込んで、購入できたかどうかはわかりません。

もう1つ考えておきたいことは、バークシャー・ハザウェイが確かにベンチマークを長期的に大幅にアウトパフォームしたといっても、最近の米国経済のダイナミズムに追いついているかというと、やや疑問があることです。

図32では米国の時価総額上位30社の過去10年間の株価上昇率ランキングをグラフ化しました。最近の人気銘柄のエヌビディアはともかく、30社中14社が株価を5倍(上昇率400%)以上にしているのに、バークシャー・ハザウェイは215%の上昇にとどまっています。上昇率順位も19番目です。

図32　米国の時価総額上位30社の過去10年間の株価上昇率

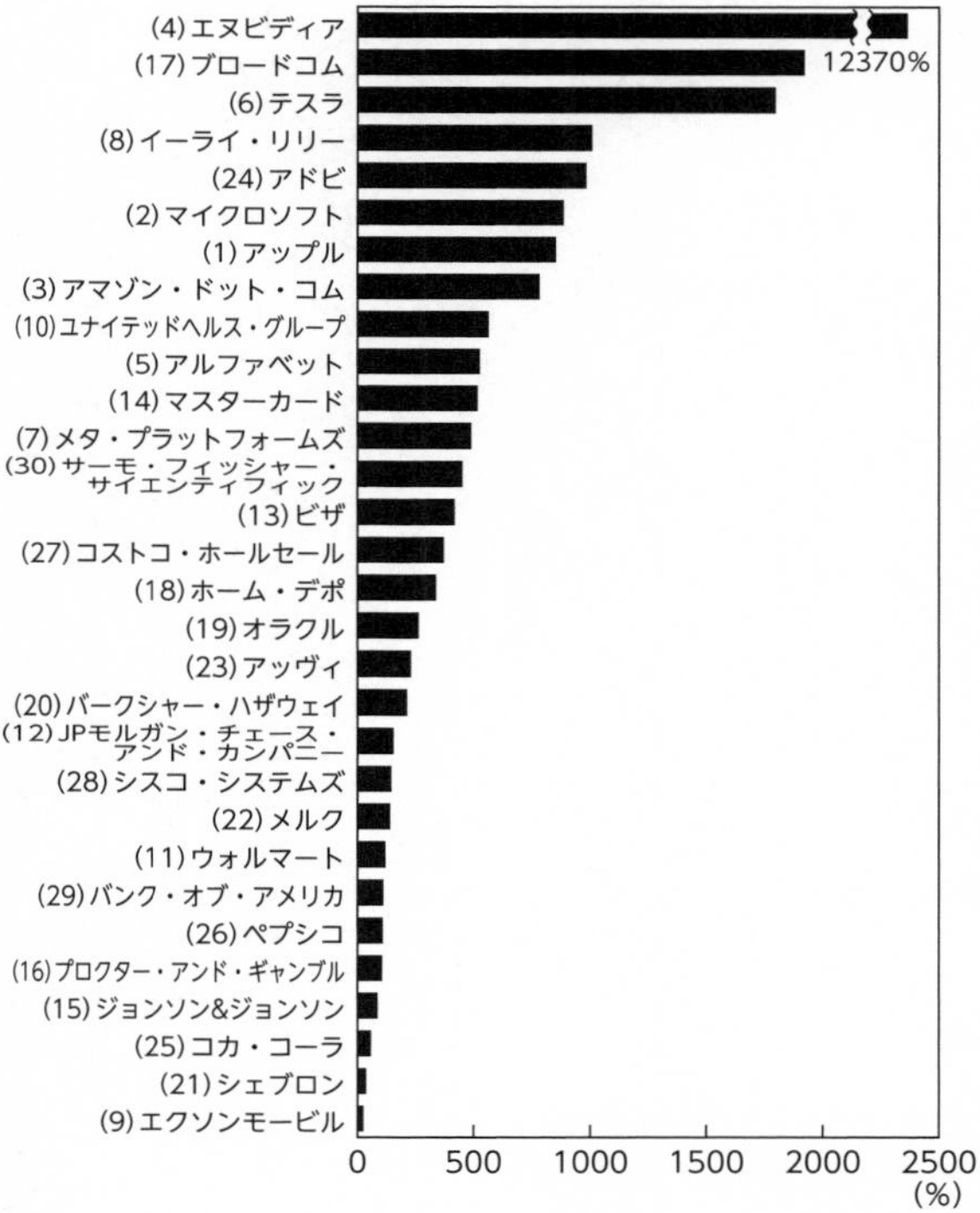

注：2013年9月末から2023年9月1日までの上昇率。企業名の前の括弧内は時価総額順位

出所：米国のYahoo! Financeのデータをもとに筆者作成

バフェットさんはいずれ引退するときに備えて、２０２１年に後継者を指名しています。非保険部門を統括する１９６２年生まれのカナダ人、グレッグ・アベル副会長です。バークシャー・ハザウェイが輝く存在であり続けるか、アベル氏の手腕に大きな期待がかかっています。

第5章　バークシャーの運用の特徴

常に数銘柄への集中投資——1つの投資スタイルと受け止めよう

第5章からはバフェットさんの投資の特徴をもっとさまざまな角度から分析していきます。ただ、最初にお断りしておきますが、ここではバフェットさんのやり方を紹介するだけであって、この手法の真似を推奨するわけではありません。

熟練した投資家ならばみんな知っていることですが、投資家の一人ひとりには長年の試行錯誤で身につけた投資スタイルがあります。一人ひとりがお気に入りの洋服を持っているのと同じことです。誰か著名人が素敵な服を着ていて、日本メンズファッション協会のベストドレッサー賞を獲得したとしても、同じ洋服をあなたが着て似合うかどうかは、まったくわかりません。

投資スタイルもこれと同じことで、他人の真似をするのではなく、自分にぴったり合った方法を早く発見することが重要です。もちろん、株式投資は元本の保証がないリスク商品におカネを投じるわけですから、余裕資金で取り組むことが大切ですし、初心者が信用取引で多額の相場を張るのも避けるべきです。

前置きはこれくらいにして本論に入りましょう。本書の第2章（58ページ）でも書いたことですが、バフェットさんは極端な集中投資をしています。最近の米国株ポートフォリオを点検すると、保有している銘柄数はおおむね40銘柄台ですが、金額ベースでは50％前後をアップル株が占め、アップルを含む上位８銘柄の金額ウエイトは90％前後に達しています。

上位3銘柄で50％前後か

バフェットさんは昔からこんな集中投資をしていたのでしょうか。図33のグラフは、１９９８年12月末から２０２３年６月末までの99本の保有銘柄報告書（13Ｆ）に記載されているデータをもとに作成したものです。集中度はトップ銘柄、上位３銘柄、上位10銘柄の３段階に分けて折れ線グラフにしました。

１９９８～１９９９年当時は全部で10銘柄しか保有していなかったようですので、上位10銘柄への集中度は１００％になっています。その後も上位10銘柄で最低でも80％程度（正確には２０１７年６月末、９月末、２０１９年３月末は79・５％）は維持していました。

図33　バークシャー・ハザウェイの保有銘柄数と上位銘柄への集中度

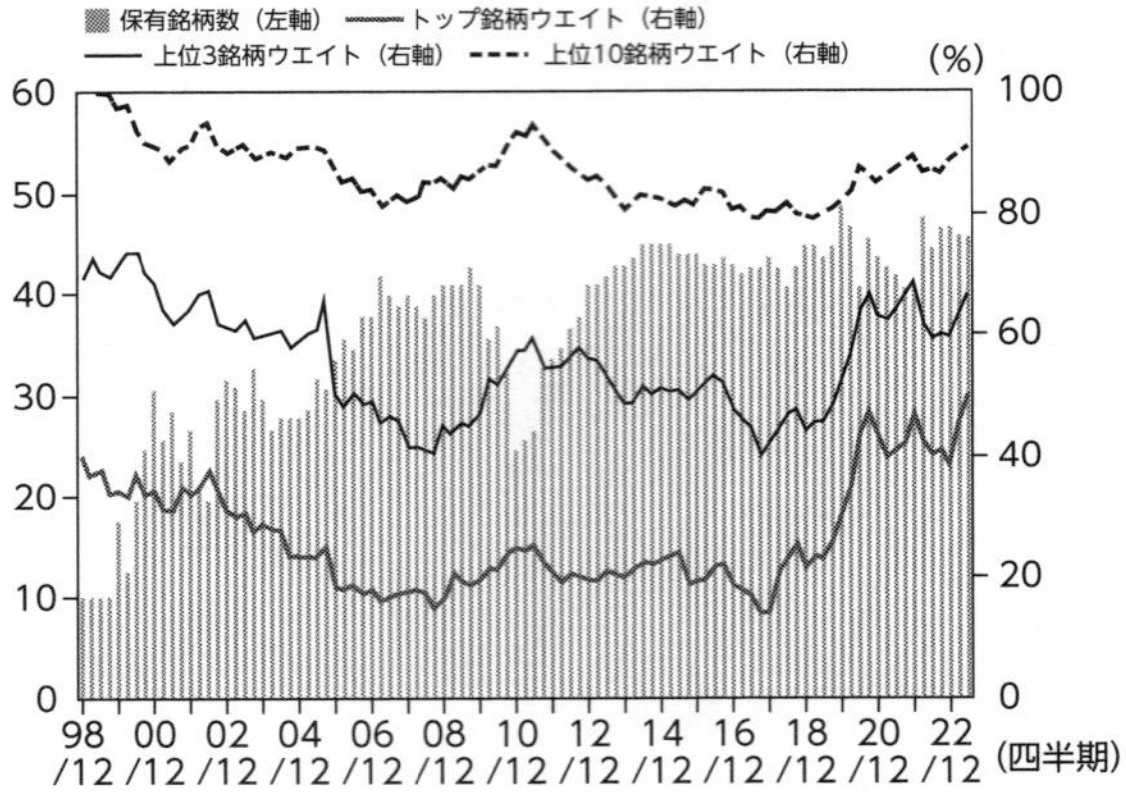

出所：バークシャー・ハザウェイ「保有銘柄報告書（13F）」のデータをもとに筆者作成

上位3銘柄となると、最高は2000年3月末の74・1%、最低は2017年9月末の40・3%、平均は55・9%となっています。最近はアップル株の大量保有に押し上げられてウエイトが高まっていますが、長期的には3銘柄で50%程度を目安に保有しているイメージです。

トップ銘柄への集中度は2004年9月末に23・7%まで低下した後、2019年6月末までは、14・4%（2017年9月末）から25・7%（2011年6月末）までの範囲内で推移していました。2020年6月末にアップル株の保有に押し上げられて44・2%と40%台に乗せた後は、高水準横ばいで推移しています。

「アップルは利益にも多大な貢献をしているのだから、ポートフォリオの半分がアップルでもいいのではないか」と受け止める人もいるでしょう。でもたとえば、日本の生命保険会社の株式ポートフォリオの半分がトヨタ自動車株だったとしたら、金融庁が「そこまで1銘柄に賭けるのは不適切ではないか」と注文をつけるのではないかと思います。

健全といえるかは疑問

機関投資家の株式ポートフォリオは一般的には一定の考え方に沿って、複数の銘柄に分散投資をしています。株価の変動に規則性があるわけではありませんので、現代投資理論(MPT)がどこまで有効かはわかりませんが、過去の株価推移をもとに、個々の銘柄のリスク・リターン特性を分析したうえで、全体として最もリスクが低く、リターンが高くなるように銘柄を分散して保有することが多いです。

機関投資家の背後には普通は年金基金など、機関投資家に専門的な運用を委託するアセットオーナーが控えています。無手勝流で運用して大失敗をしたら、アセットオーナーから厳しく非難されるでしょうから、定評のある理論に基づいて投資をしていることを説明する責任があるのです。

「アップル株が想定以上に値上がりしたから、ウエイトが大きくなっただけで、バークシャー・ハザウェイが最初から大量保有を仕組んだわけではない」という反論もあるかもしれません。でも通常の機関投資家の資産運用ならば、株価が上昇してウエイトが高まった場合には、リバランスと称して、増えた分は売却します。

本書の第3章（105ページ）でも、バークシャー・ハザウェイは2018年10～12月期から2020年10～12月期にかけて、保有するアップル株の一部を売却したことを説明しました。しかし、バフェットさんはアップルがしばしば自社株買いをする結果、何も追加投資をしなくても、アップルへの出資比率が上昇することを高く評価しているようで、2022年1～3月期から再び買い増しに転じました。

2021年版の「株主への手紙」に次のようなことが書いてありました。「私たちが繰り広げている『大きな4つ』の事業（原文ではカンパニー）が、バークシャーの企業価値のうちの非常に大きな塊となっている」としたうえで、4大事業として、保険事業、アップル、貨物鉄道事業、エネルギー事業を挙げたのです。

確かにバークシャー・ハザウェイが同じように株式投資をしているように見えても、クラフト・ハインツとオキシデンタル石油は持ち分法適用の関連会社として保有していますから、バークシャー・ハザウェイの事業といってもいいでしょう。しかし、アップルはあくまでも純投資のはずです。それを4大事業の1つにしてしまうなんて驚きです。

大きな決断は数年に1回——時価増減と資金流出入

バフェットさんが2020年8月30日に日本の大手商社5社に投資したと表明し、多くの関係者を驚かせましたが、米国株ポートフォリオの分析を通じても、バフェットさんは数年に1回、大きな決断をしていることがわかります。

米証券取引委員会（SEC）に提出する保有銘柄報告書（13F）からは四半期末の

保有金額、保有株数のデータが与えられ、そこから四半期末の保有単価をはじくことができます。アップルでもＩＢＭでもその他のどんな個別銘柄でも、前四半期末の保有株数に当四半期中の株価の変化を掛け合わせれば、その銘柄で当該四半期にどれだけの時価増減があったかが計算できます。

一方で、当四半期中の保有株数の変化（期末の保有株数から前四半期末の保有株数を引いた値）に、当四半期末の株価を掛け合わせれば、その銘柄についてどれだけの元本の流出入があったかがわかります。本当にいくらで売買したのかは、米国のメディアなどで報道されない限りわからないのですが、計算の都合上、すべての売買は四半期末に、四半期末の株価を使って実施したと仮定します。

たとえば、石油大手のシェブロンの保有株数は２０２３年３月末から６月末にかけて１億３２４０万７５９５株から１億２３１２万１２０株に減少しました。株価は２０２３年３月末の１６３ドル16セントから６月末には１５７ドル35セントに下落しました。

前四半期末の保有株数（１億３２４０万７５９５株）に株価の変化（マイナス５ド

図34　純資産の増減の計算方法

価格効果（投資損益）	＋	資金流出入	＝	純資産の増減

シェブロン株の2023年4～6月期に適用すると

マイナス 7億6928万8127ドル	＋	マイナス 14億6138万4191ドル	＝	マイナス 22億3067万2318ドル

注：すべての売買を四半期末に実施した（四半期中に保有株数の変化はない）と仮定したうえでの試算のため、現実の投資損益とは異なる

ル81セント）を掛けると、マイナス７億６９２８万８１２７ドルになります。数字の前の符号がマイナスですから、この間に保有するシェブロン株の時価がこの金額だけ減ったことを意味しています。

４～６月期中の保有株数の変化（マイナス９２８万７４７５株）に６月末の株価（１５７ドル35セント）を掛けると、マイナス14億６１３８万４１９１ドルになります。数字の前の符号がマイナスですから、この間にバークシャー・ハザウェイはシェブロン株をこの金額だけ売却したことを意味します。

時価の増減（マイナス７億６９２８万８１２７ドル）に、売買代金差額（マイナス14億

6138万4191ドル）を加えると、マイナス22億3067万2318ドルになります。つまり、バークシャー・ハザウェイのシェブロン株の保有額は3月末から6月末にかけて22億3000万ドルほど減少したことになります（図34）。

実際、2023年3月末の保有銘柄報告書（13F）には保有金額が216億362万ドルと書いてありましたが、6月末の報告書では193億7295万ドルに変わっていました。その差は22億3000万円。時価の増減と売買代金差額を合わせた金額と一致しています。計算がぴったりと合うのは気持ちいいです。

保有全銘柄に対して全面展開

シェブロンに施したのと同じ計算を2023年3月末に保有していた46銘柄と、6月末に保有していた46銘柄のすべてに対しても試みます。といっても、大半の銘柄は3月末にも6月末にも持っています。4～6月期中に3銘柄を完全売却し、3銘柄を新規取得しましたから、全部で計算しなければならないのは49銘柄です。

ここではその計算の結果だけを表にしてご紹介します。図35をご覧ください。最右列の「価格効果」というのが時価の増減、右から2番目の列の「資金流出入」というのが売買代金差額です。価格効果と売買代金差額を足したものが、時価ベースの保有額の期中増減額になっています。

大半の銘柄は四半期中に売買しませんから、資金流出入はゼロで、保有額の期中増減額はすべて価格効果で占めています。しかし、前段に書いたようにシェブロンは価格効果も資金流出入もマイナスです。同様の銘柄がほかにもいくつか散見されます。

価格効果がゼロで、資金流出入だけがプラスになっているのは、4～6月期中に新規に取得した銘柄です。DRホートン、NVR、レナーの3社が該当します。あまりなじみのない企業かもしれませんが、いずれも米国の住宅建築業者です。

2023年8月中旬には米国の住宅ローンの金利が30年固定で7%台になり、21年ぶりの高水準を記録したなどという報道がありました。バフェットさんがこのタイミングでなぜ住宅建築業者の株式に着目したのか、興味深いです。

その話はともかく、表にした49銘柄をすべて合計すると、2023年4～6月期

図35　バークシャー・ハザウェイの株式売買（2023年4～6月期）

保有額順位	銘柄名	ティッカー	6月末保有額	期中増減額	資金流出入	価格効果
1	アップル	AAPL	1775.91	266.15	0.00	266.15
2	バンク・オブ・アメリカ	BAC	296.33	0.93	0.00	0.93
3	アメリカン・エキスプレス	AXP	264.11	14.02	0.00	14.02
4	コカ・コーラ	KO	240.88	-7.24	0.00	-7.24
5	シェブロン	CVX	193.73	-22.31	-14.61	-7.69
6	オキシデンタル・ペトロリアム	OXY	131.79	-0.38	7.30	-7.68
7	クラフト・ハインツ	KHC	115.60	-10.32	0.00	-10.32
8	ムーディーズ	MCO	85.78	10.29	0.00	10.29
9	ヒューレット・パッカード	HPQ	37.14	1.64	0.00	1.64
10	ダビータ	DVA	36.27	6.99	0.00	6.99
11	ベリサイン	VRSN	28.96	1.88	0.00	1.88
12	シティグループ	C	25.43	-0.47	0.00	-0.47
13	クローガー	KR	23.50	-1.18	0.00	-1.18
14	リバティメディア	LSXMA	20.77	3.00	0.00	3.00
15	ビザ	V	19.70	1.00	0.00	1.00
16	マスターカード	MA	15.68	1.19	0.00	1.19
17	エーオン	AON	14.96	1.30	0.00	1.30
18	パラマウント・グローバル	PARA	14.91	-6.00	0.00	-6.00
19	チャーター・コミュニケーションズ	CHTR	14.07	0.37	0.00	0.37
20	アマゾン・ドット・コム	AMZN	13.75	2.86	0.00	2.86
21	キャピタル・ワン・ファイナンシャル	COF	13.64	4.10	2.79	1.31
22	アクティビジョン・ブリザード	ATVI	12.36	-29.96	-29.32	-0.64
23	スノーフレーク	SNOW	10.78	1.33	0.00	1.33
24	ゼネラル・モーターズ	GM	8.48	-6.19	-6.94	0.75
25	ヌー・ホールディングス	NU	8.45	3.35	0.00	3.35
26	アライ・ファイナンシャル	ALLY	7.83	0.44	0.00	0.44
27	TモバイルUS	TMUS	7.28	-0.31	0.00	-0.31
28	DRホートン	DHI	7.26	7.26	7.26	0.00
29	マーケル・ホールディング	MKL	6.52	0.50	0.00	0.50

保有額順位	銘柄名	ティッカー	6月末保有額	期中増減額	資金流出入	価格効果
30	セラニーズ	CE	6.21	-3.40	-4.01	0.61
31	リバティメディア	FWONK	5.81	0.03	0.00	0.03
32	ルイジアナ・パシフィック	LPX	5.28	1.46	0.00	1.46
33	フロア・アンド・デコア・ホールディングス	FND	4.97	0.27	0.00	0.27
34	グローブライフ	GL	2.76	-4.23	-4.21	-0.03
35	ストーン	STNE	1.36	0.34	0.00	0.34
36	NVR	NVR	0.71	0.71	0.71	0.00
37	ジョンソン&ジョンソン	JNJ	0.54	0.03	0.00	0.03
38	プロクター・アンド・ギャンブル	PG	0.48	0.01	0.00	0.01
39	モンデレズ・インターナショナル	MDLZ	0.42	0.02	0.00	0.02
40	ディアジオ	DEO	0.40	-0.02	0.00	-0.02
41	リバティー・ラテンアメリカ	LILA	0.34	0.02	0.00	0.02
42	バンガード S&P500 ETF	VOO	0.18	0.01	0.00	0.01
43	SPDR S&P500 ETF	SPY	0.17	0.01	0.00	0.01
44	レナー	LEN	0.17	0.17	0.17	0.00
45	ジェフリーズ・ファイナンシャル・グループ	JEF	0.14	0.01	0.00	0.01
46	ユナイテッド・パーセル・サービス	UPS	0.11	-0.01	0.00	-0.01
	ヴィテス・エナジー	VTS	0.00	-0.01	-0.01	0.00
	マーシュ・アンド・マクレナン	MMC	0.00	-0.67	-0.76	0.09
	マッケソン	MCK	0.00	-8.15	-9.78	1.63
合計			**3481.94**	**230.85**	**-51.41**	**282.27**

注：単位＝億ドル。米国株ポートフォリオのみ。期中増減額が資金流出入と等しい３銘柄は新規取得、６月末保有額がゼロの３銘柄は完全売却
出所：バークシャー・ハザウェイ「保有銘柄報告書（13F）」のデータをもとに筆者作成

中の価格効果は282億2700万ドルあったけれども、資金流出入が51億4100万ドルのマイナス（流出）で、時価保有額は230億8500万ドル（四捨五入の関係で計算結果に若干の差異がある）の増加にとどまったことがわかります。

バークシャー・ハザウェイの投資姿勢がどうだったかは、資金流出入に着目する必要があります。4～6月期はマイナス、つまり、売り越しだったということは、バフェットさんがまだ米国の株式相場は高すぎて、積極的な買い場ではないと考えているためかもしれません。

過去にさかのぼって資金流出入を確認

2023年4～6月期の資金流出入は51億4100万ドルの流出でしたが、同様の計算は1999年1～3月期以降の98四半期すべてについて実施することができます。膨大な作業ではありますが、計算自体は同じことの繰り返しですので、表計算ソフトの得意技でもあります。ここでは結果だけを図36のグラフに示します。

棒グラフのプラス域は株式の取得が売却を上回った、つまり、買い越しの四半期、

図36　バークシャー・ハザウェイ「米国株ポートフォリオ」の四半期ごとの資金流出入

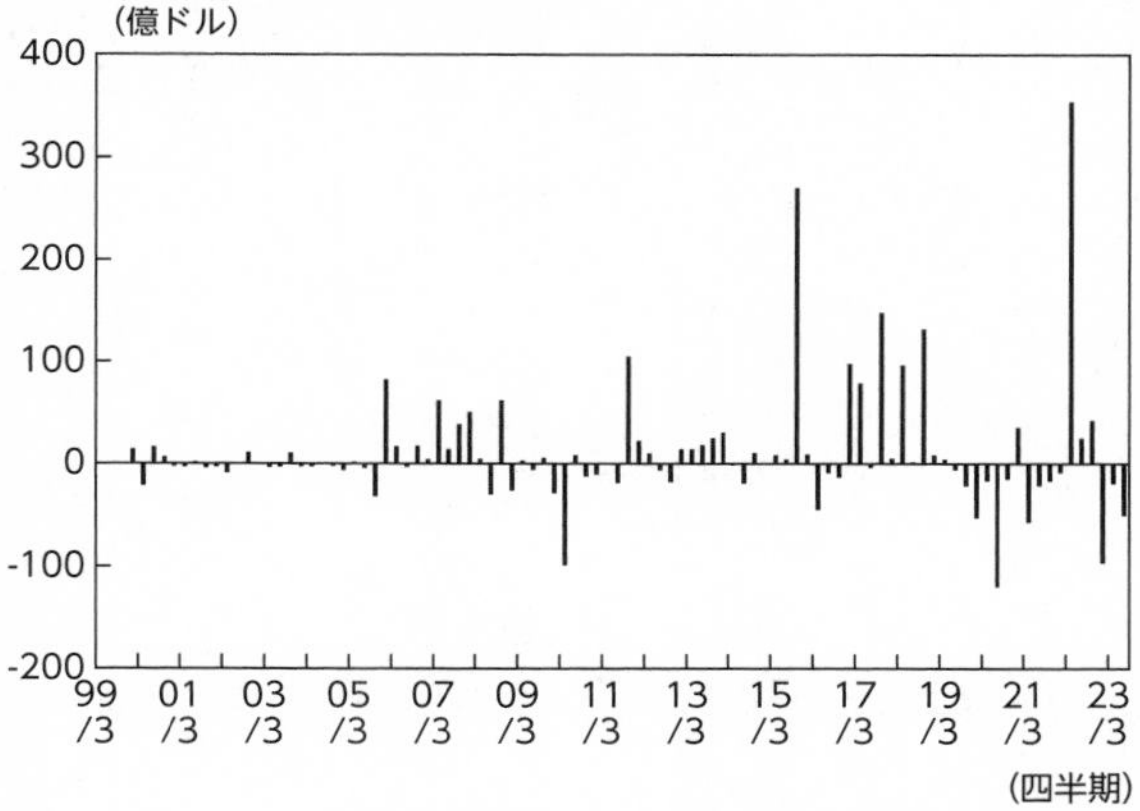

出所：バークシャー・ハザウェイ「保有銘柄報告書（13F）」のデータをもとに筆者作成

マイナス域は株式の売却が取得を上回った、つまり、売り越しの四半期です。98四半期の累計の売買代金差額は１０５９億７７９０万ドルの買い越しです。バークシャー・ハザウェイは１９９８年末から２０２３年６月末にかけて米国株ポートフォリオの時価評価額を３１４９億９２００万ドル膨らませましたが、その約３分の１は資金流入によって、約３分の２は価格効果によって増えたようです。

　年数の経過とともにだんだん運用資産の規模が大きくなってきました

から、棒グラフのプラス・マイナスの振れ幅も大きくなってきています。ただ、大半の四半期は買い越しも売り越しも小幅にとどまっていて、数年に1回、大きな買い越しをしていることがわかります。

バークシャー・ハザウェイの2022年版の「株主への手紙」にこんな記述があります。

「現時点での自分自身の成績通知表をお示しするのが適切でしょう。バークシャーの経営に過去58年間携わり、私が決定した資本配分の大半は『まあまあ』といえる水準にも達していませんでした。私が下した悪い決定が、たぐいまれな幸運によって救われたことも何回かあります。（破綻寸前だったUSエアーとソロモン・ブラザーズから私たちが逃げ出したことをご記憶ですか）」

「私たちの満足のいく結果は、約12回の本当によい決定の産物です。およそ5年に1回ということになりますね。よい決定をしたことはときどき忘れてしまうのですが、バークシャーのような長期投資家には大きな恩恵を及ぼしています」

実際、過去の資金流出入を振り返ると、必ずしもぴったり5年に1回ではないにしても、数年に1回、大幅な買い越しになっていて、バフェットさんが大きな決断をしていることがうかがえます。

なお、本書の第6章（181ページ）で触れますが、これと同じような分析を四半期報告書に掲載されているキャッシュフロー計算書からもやることができます。本章の分析は米国株ポートフォリオに限った場合の資金流出入です。キャッシュフロー計算書からは銘柄ごとの動向はわかりませんが、日本の大手商社株など外国株の売買も含んだ全体の資金流出入の傾向がわかります。

平均売買回転率は5％弱――普段はあまり売買しない

大きな決断は数年に1回で、大半の四半期はあまり売買しないということを説明しました。もちろん売買という場合には新規取得や完全売却のほかに、すでに保有している銘柄の追加取得や一部売却ということもあるのですが、何となく売買回転率はあまり高くないのではないかという想像ができます。

売買回転率とは、一定期間内に運用資産が売買によってどの程度、入れ替わった

図37　2023年4～6月期に資金流出入があった13銘柄

保有額順位	銘柄名	ティッカー	6月末保有額	期中増減額	資金流出入	価格効果
5	シェブロン	CVX	193.73	-22.31	-14.61	-7.69
6	オキシデンタル・ペトロリアム	OXY	131.79	-0.38	7.30	-7.68
21	キャピタル・ワン・ファイナンシャル	COF	13.64	4.10	2.79	1.31
22	アクティビジョン・ブリザード	ATVI	12.36	-29.96	-29.32	-0.64
24	ゼネラル・モーターズ	GM	8.48	-6.19	-6.94	0.75
28	DRホートン	DHI	7.26	7.26	7.26	0.00
30	セラニーズ	CE	6.21	-3.40	-4.01	0.61
34	グローブライフ	GL	2.76	-4.23	-4.21	-0.03
36	NVR	NVR	0.71	0.71	0.71	0.00
44	レナー	LEN	0.17	0.17	0.17	0.00
	ヴィテス・エナジー	VTS	0.00	-0.01	-0.01	0.00
	マーシュ・アンド・マクレナン	MMC	0.00	-0.67	-0.76	0.09
	マッケソン	MCK	0.00	-8.15	-9.78	1.63

注：単位＝億ドル。保有額順位は2023年6月末に保有していた46銘柄中の順位
出所：バークシャー・ハザウェイ「保有銘柄報告書（13F）」のデータをもとに筆者作成

のかを示す指標です。平たい言葉で言えば、どの程度、「どたんばたん」したかということです。計算方法はいろいろあるのですが、日本の企業年金連合会は「取得金額と売却金額の少ないほうの金額」を「運用資産の平均時価残高」で割って算出すると説明しています。

たとえば、2023年4～6月期の売買回転率はこんな計算になります。図37は154ページに掲載した図35から、資金流出入があった銘柄だけを抜き出したものです。全部で13銘柄。このうち新規取得の3銘柄

を含む5銘柄は資金を追加しました。完全売却の3銘柄を含む8銘柄は資金を引き揚げました。

追加した資金の合計を計算すると、18億2346万ドルになります。引き揚げた資金を合計すると、69億6480万ドルになります。売買回転率の計算の分子は、取得金額と売却金額の少ないほうの金額ですから、ここでは18億2346万ドルを使うことになります。

分母のほうは運用資産の平均時価残高ですから、公式に従えば、3月末の時価保有額と6月末の時価保有額を足して2で割らなければなりません。ただ、本書で繰り返しご説明している通り、保有銘柄報告書（13F）に基づく分析はデータの制約があるため、すべての売買を四半期末に実施したという仮定を置いて売買金額などを計算しています。

だから売買回転率の計算の分母は6月末の時価保有額を使用します。もちろん取得や売却をした銘柄だけの合計値ではなく、6月末に保有している46銘柄すべての合計です。その金額は図35の表にあるように、3481億9405万ドルです。

あとは割り算をするだけです。18億2346万を3481億9405万で割ってパーセント表示をすると、0・52%になります。ただ、これは四半期(3カ月)の値です。売買回転率は通常、年率で考えますから、4倍すると2・08%という計算です。

100%を2・08%で割ると、48という数字が出てきます。この売買回転率が永遠だとしますと、米国株ポートフォリオを全部入れ替えるのに、48年かかるということにもなります。

過去98四半期の平均売買回転率

この売買回転率はすべての四半期について計算することができます。たとえば、2023年1〜3月期は取得金額65億9351万ドル、売却金額87億1057万ドル、3月末の時価保有額3251億8775万ドルでした。取得・売却の少ないほうの金額を時価保有額で割ると、2・03%になります。年率では8・12%という計算です。

年率換算する前の値ですが、1999年1～3月期以降の98四半期で、最も売買回転率が高かったのは2005年10～12月期のことで、14・49％でした。取得金額146億7939万ドル、売却金額61億8201万ドル、時価保有額426億6479万ドルという記録があります。

ただ、あまりに高いので何か特殊要因があったのではないかと調べてみましたら、ジレット株に58億7703万ドルの売却が記録され、プロクター・アンド・ギャンブル株に57億5153万ドルの取得が記録されていました。実はこれは本当の売却と取得ではありません。このときジレットがプロクター・アンド・ギャンブルに買収されたため、バークシャー・ハザウェイが保有していたジレット株がプロクター・アンド・ギャンブル株に振り替わっただけです。

この売買はなかったものと考える必要がありますから、取得金額と売却金額からそれぞれを差し引いて改めて売買回転率を計算すると、0・71％になりました。

2005年10～12月期を除くと、売買回転率が高かったのは2012年4～6月期のことで、4・62％でした。この四半期は取得額34億3188万ドル、売却額40

図38　バークシャー・ハザウェイ「米国株ポートフォリオ」の売買回転率

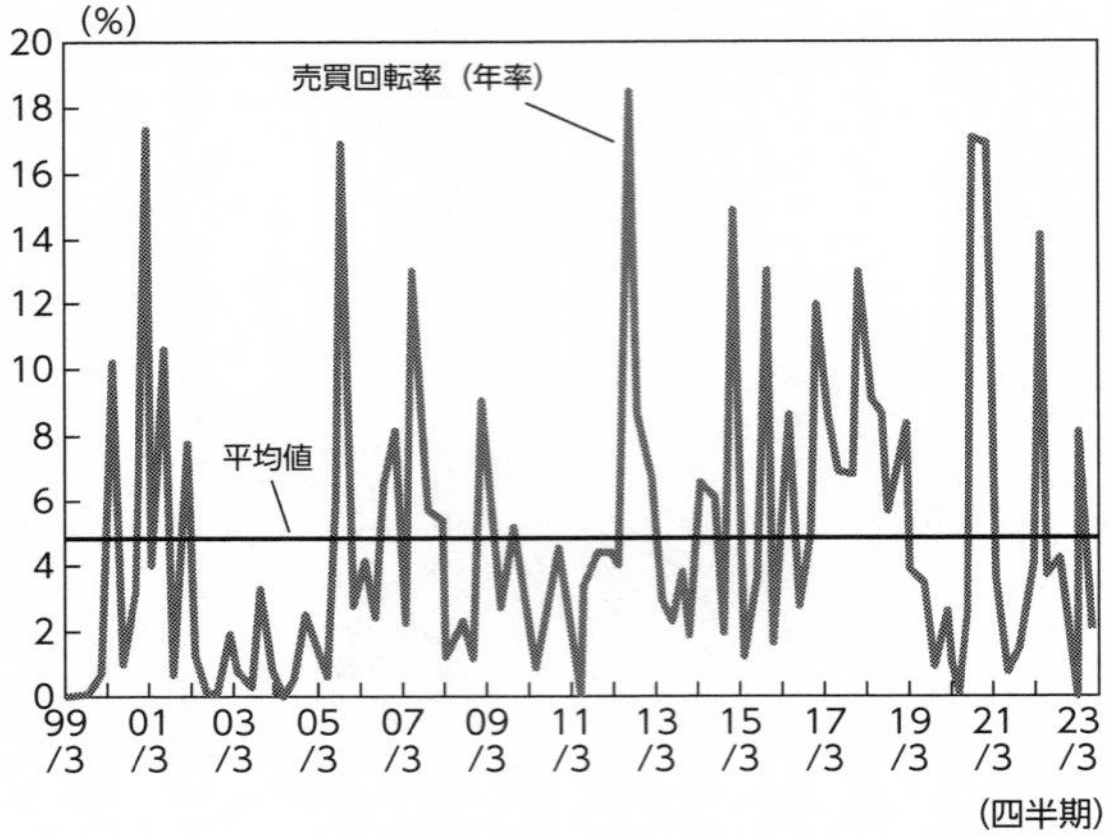

注：四半期ごとの取得金額と売却金額の少ないほうを前四半期末の時価保有額で割った
出所：バークシャー・ハザウェイ「保有銘柄報告書（13F）」のデータをもとに筆者作成

億5569万ドル、時価保有額743億2138万ドルでした。フィリップス66に新規投資したほか、ウェルズ・ファーゴ、IBMなどに多額の追加投資をした記録があります。

売買回転率が最も低いときはゼロです。買いも売りもしなかったときだけではなく、買いだけ、売りだけだったときも、計算式の定義上、ゼロになります。

1999年1〜3月期から2023年4〜6月期までの98四半期の売買回転率を年率換算したうえ

でグラフに示すと、図38のようになります。２００５年10～12月期は０・71％（年率２・84％）に補正済みです。

98四半期の売買回転率（年率）の平均値は４・89％です。１００を４・89で割ると、20・45になります。バークシャー・ハザウェイの米国株ポートフォリオが全部入れ替わるまでに20年余りかかるという計算になります。

見切り千両損切り万両――売買回転率と平均保有期間

ところで、第２章（75ページ）で１９９８年12月末以降に保有が報告された１９９銘柄のうち、２０２３年６月末現在で保有している46銘柄を除く１５３銘柄の平均保有期間は３・８年だったと説明したのをご記憶でしょうか。売買回転率の低さから判断すると、長期投資家のように見えますが、平均保有期間から判断すると、短期投資家のようです。

実際、コカ・コーラやアメリカン・エキスプレスは１９９４～１９９５年に買い付けが完了し、今日まで30年近くが経過しています。一方で、医薬品大手のファイザーが保有銘柄報告書（13F）に登場したのは1回だけだったとか、半導体の世界的メーカーの台湾積体電路製造（TSMC）は購入した翌四半期に大半を売却したとかいう話を聞くと、短期投資家のようにも思えます。

バフェットさんのウオッチャーのなかには、「あの人は意外と短気だ」という人もいます。売買回転率と平均保有期間の数値はお互いに矛盾するようですが、どちらが本当なのでしょうか。

非常に技術的なことをいえば、今回の売買回転率の計算方法では結果が低めに出ます。各四半期の取得金額と売却金額のうちの小さいほうを計算の分子にしているからです。ある四半期に売却100、取得ゼロ、翌四半期に売却ゼロ、取得100だったとすると、両四半期とも売買回転率はゼロになってしまいます。

こうした問題を軽減するため、四半期ではなく、過去1年間の取得金額の合計額と売却金額の合計額の小さいほうを分子にして、時価保有額の年間平均値を分母にする、つまり、1年移動平均の考え方で売買回転率をはじき出すと、1999年1〜3月期以降の98四半期平均値は7・16％になります。

取得金額と売却金額のうちの小さいほうではなく、単純に売却金額を計算の分子にすると、売買回転率の平均値は9・39％になります。ただ、これでも米国株ポートフォリオの銘柄が全部入れ替わるには10・6年かかる計算になりますから、平均保有期間の3・8年とはちょっと離れています。

コア銘柄を長期保有する傾向

両者の数字に食い違いがあるように見えるのは、売買回転率はあくまでも金額ベースの話であって、平均保有期間は個々の銘柄の保有期間を単純に平均したものにすぎないからです。実際には保有額が四半期ごとに変動するので計算は困難だと思いますが、もし平均保有期間を計算するときに、保有額をベースに加重平均をとれば、もっと長くなるのではないかと思います。

売買回転率が10％に満たないのは、相当、低い部類です。日本の株式投信の解約額を純資産額で割った売買回転率は20～30％になります。日本株アクティブ運用の投信（運用担当者が組み入れ銘柄を選別しながら運用するタイプの投信）の売買回

	2020年				2021年				2022年			
	1Q	2Q	3Q	4Q	1Q	2Q	3Q	4Q	1Q	2Q	3Q	4Q
						○						
			○									
		○	○									
											○	○
							○	○	○			
			○	○	○	○						
			○	○	○	○	○	○				
			○	○	○	○	○	○				
	○	○	○	○	○							
	○	○	○									
	○	○	○									

転率も平均で30%ぐらいです。

バークシャー・ハザウェイの売買回転率が低いのは、金額ベースでも保有額が大きいコア銘柄を長期保有する傾向があるからだと思われます。コカ・コーラやアメリカン・エキスプレスはもちろんですが、アップルも２０１６年１～３月期に投資を始めてから７年以上が経過しました。

第３章（81ページ）で触れたＩＢＭへの投資も、結果的に失敗しましたが、保有期間は２０１１年から２０１７年まで、足かけ８年

図39　2018年以降に投資を始め、3年以内に売却した銘柄

銘柄名	ティッカーシンボル	2018年 3Q	2018年 4Q	2019年 1Q	2019年 2Q	2019年 3Q	2019年 4Q
オルガノン	OGN						
ファイザー	PFE						
オラクル	ORCL	○					
バリック・ゴールド	GOLD						
台湾積体電路製造（TSMC）	TSM						
ロイヤルティ・ファーマ	RPRX						
レッド・ハット	RHT		○	○	○		
メルク	MRK						
ブリストル・マイヤーズスクイブ	BMY						
アッヴィ	ABBV						
バイオジェン	BIIB						○
トラベラーズ	TRV	○	○	○	○	○	○
JPモルガン・チェース	JPM	○	○	○	○	○	○
PNCファイナンシャル・サービシーズ	PNC	○	○	○	○	○	○

注：○は「保有銘柄報告書（13F）」で保有を報告
出所：バークシャー・ハザウェイ「保有銘柄報告書（13F）」

に及びました。

　日本の大手商社株も2020年8月末に最初に保有を明らかにしたときは、コア銘柄の位置付けかどうか半信半疑でしたが、2023年4月にバフェットさんがわざわざ来日してメディアのインタビューに応じたり、投資先商社の首脳らとの会談をしたりしましたから、コア銘柄と考えているのでしょう。

　一方で、企業の大小に関係なく、初期投資額が小さく、まだ本格的な買い出動ではないと感じられる

ような銘柄は、意外と早く手放すことがあります。図39は2018年以降にバークシャー・ハザウェイが取得した銘柄で、保有銘柄報告書（13F）に最高10回しか登場しなかった14銘柄です。保有を1回報告されるたびに3カ月保有したと仮定すると、最長でも2年半しか持たなかったことになります。

いずれも取得したときはバフェット銘柄になったということで、大きな話題を呼びました。バフェットさんの投資判断ではなく、後任者が選んだ銘柄ではないかとうわさされたこともありましたが、いずれも短期間で売却されています。

なぜ売却したのかなどは、バークシャー・ハザウェイ側から説明がありませんから、よくわかりません。売却した銘柄の株価がその後、必ずしも下がるわけではありませんから、売却の判断が適切だったかどうかも何ともいえないところがあります。もっとも売却後の株価など誰にも予想はできませんが。

いずれにしても本気で買った銘柄以外は、あっさり切ってしまうことが多いようです。過去にも次のような発言があります。

「もし、ある株式を10年も持ち続けるような気になれないのならば、わずか10分でも持とうと考えてはなりません」（1996年版「株主への手紙」）

常に一歩先を読んでいるイメージ——慎重に見極め、動くときは動く

バフェットさんがどんな理由である株式を取得するのかは、バフェット・ウオッチャーの最大の関心事だと思います。2023年4月にバフェットさんが来日し、日本株への追加投資をする意向を示したのを機に、日本国内でも「バフェットが次に買う銘柄は何か」といった予測が大流行しました。

しかし、バフェットさん自身が自分への成績通知表で語っている通り、これまでの資産配分の選択は「『まあまあ』といえる水準にも達していませんでした」とのことですから、「次に買う銘柄」を探る投資などはあまり意味がないでしょう。

実際、1998年12月末以降にバークシャー・ハザウェイの保有が確認できる米国市場上場銘柄199のうち、有効データがある181銘柄について、保有期間中の株価の騰落率がS&P500を上回っていたかどうかを調べてみたところ、84勝97敗でした。眼力は普通の投資家と変わらないのではないでしょうか。

図40　変わるバフェット氏の株式ポートフォリオ

時期と保有総額（百万ドル）	銘柄名	保有額（百万ドル）	構成比（%）
50歳 1980年末＝株式全体で530	ガイコ	105	19.9
	ゼネラルフーズ	60	11.3
	ハンディ・ハーマン	58	11.0
	セーフコ	45	8.5
	ワシントン・ポスト	42	8.0
60歳 1990年末＝未公表	コカ・コーラ	2,172	−
	キャピタルシティーズ／ABC	1,377	−
	ガイコ	1,111	−
	ワシントン・ポスト	342	−
	ウェルズ・ファーゴ	289	−
70歳 2000年9月末＝32,856	コカ・コーラ	11,026	33.6
	アメリカン・エキスプレス	9,210	28.0
	ジレット	2,964	9.0
	ウェルズ・ファーゴ	2,692	8.2
	ウェスコ・フィナンシャル	1,431	4.4
80歳 2010年9月末＝48,563	コカ・コーラ	11,704	24.1
	ウェルズ・ファーゴ	8,449	17.4
	アメリカン・エキスプレス	6,372	13.1
	プロクター・アンド・ギャンブル	4,604	9.5
	クラフト・フーズ	3,247	6.7
85歳 2015年9月末＝127,408	ウェルズ・ファーゴ	24,150	19.0
	クラフト・ハインツ	22,983	18.0
	コカ・コーラ	16,048	12.6
	IBM	11,747	9.2
	アメリカン・エキスプレス	11,239	8.8
90歳 2020年9月末＝228,891	アップル	109,359	47.8
	バンク・オブ・アメリカ	24,333	10.6
	コカ・コーラ	19,748	8.6
	アメリカン・エキスプレス	15,199	6.6
	クラフト・ハインツ	9,753	4.3
92歳 2023年6月末＝348,194	アップル	177,591	51.0
	バンク・オブ・アメリカ	29,633	8.5
	アメリカン・エキスプレス	26,411	7.6
	コカ・コーラ	24,088	6.9
	シェブロン	19,373	5.6

注:1990年末までは「株主への手紙」、2000年以降は「保有銘柄報告書（13F）」に基づく

図40は、バフェットさんが50歳だったころからのバークシャー・ハザウェイの保有銘柄の変化です。70歳になった2000年以降はコカ・コーラとアメリカン・エキスプレスが常に登壇しています。過去20年間を振り返ると、アメリカン・エキスプレス株の上昇率はS&P500並みですが、コカ・コーラは上昇率の点で劣っています。それでも今日のバフェットさんの地位を築いた中核銘柄なので、外さないのではないかと感じます。

製品市場の旬で売る?

投資動向を見ても、「なぜこうした判断をするのか」わからないことが多いですが、投資先の企業が開拓に取り組んでいる製品市場が旬を迎えると、株式を売却してしまうイメージがあります。医薬品大手のファイザーは3カ月しか保有しませんでした。これからコロナのワクチン接種が全世界的に本格化するのではないかと思われる矢先に手放してしまった印象です。

台湾積体電路製造（TSMC）の株式も3カ月保有しただけで大半を売却してし

まいました。まだ製品市場は拡大すると思われるのに、バフェットさんの見切りは早いです。2008年から保有している中国の電気自動車メーカー・BYDの株式も、2022年夏から売却過程に入りました。電気自動車の市場はこれから拡大するのではないかと思われるのですが、株価的には最もよい局面は終わったという判断なのかもしれません。

この流れで考えますと、日本の大手商社株もいつまで保有するかは何ともいえません。シェブロンやオキシデンタル石油など資源株を買うタイミングと同じタイミングで商社株に投資しましたが、シェブロン株は2023年4~6月期から売り始めています。バフェットさんは投資家ですから、時代の先読みに努め、難しいと感じたら、電光石火のごとく売却するのではないかと思います。

第6章　バフェット指標に映る警戒感

時価総額を名目GDPで割る——ウィルシャー5000が計算の分子に

株式相場の過熱感を測るときに、バフェットさんが重視している指標があります。株式市場の時価総額を名目国内総生産（GDP）で割ったもので、「バフェット指標」と呼ばれます。100％を超えていたら、過熱感があると判断します。経済の拡大ペースからかけ離れて株式市場が成長することはないだろうという考え方がもとになっている指標です。

まず、米国のバフェット指標を説明しましょう。米国にはたくさんの上場企業があり、日本でも知られているニューヨーク証券取引所やナスダックで取引されているのは、その一部です。全米の企業の時価総額は「ウィルシャー5000トータル・マーケット・インデックス」という株価指数で代用することが一般的です。

計算対象となっている銘柄は約3600で、米国株に関する指数のなかでは、最もカバー範囲が広いです。図41のグラフは、過去10年間のウィルシャー5000の推移を示しています。この指数の過去データはヤフー！ファイナンスの米国版などで簡単に取得することができますから、グラフは表計算ソフトを使えば、誰でも作

図41　米国株の時価総額を示すウィルシャー5000

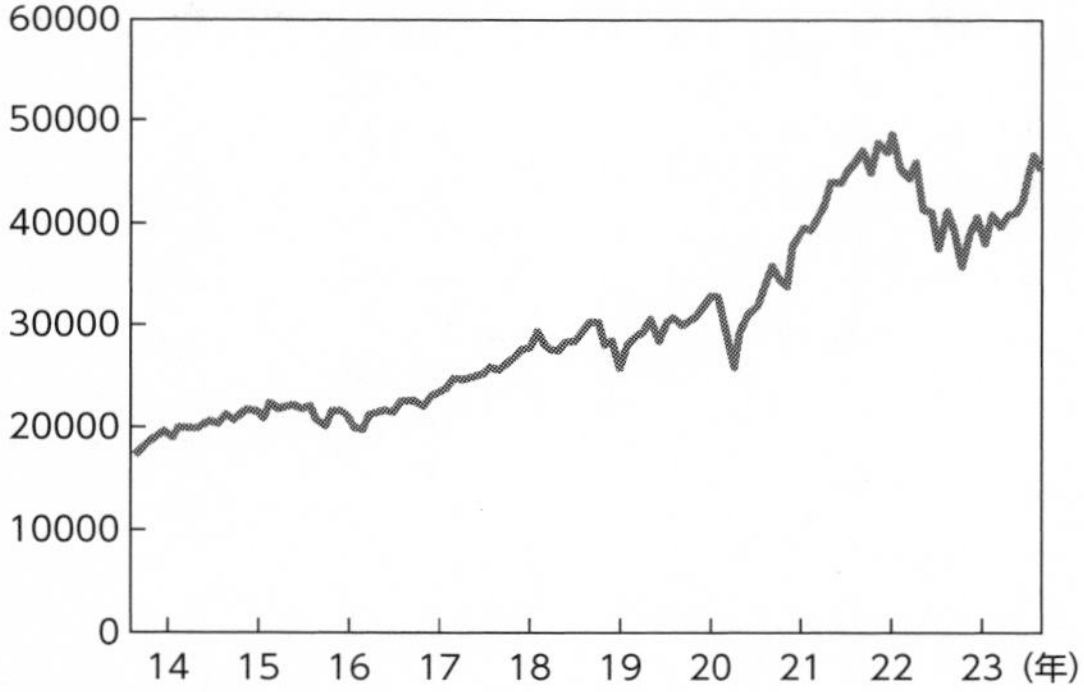

出所：米国のYahoo! Finance

成できると思います。

グラフの右端は2023年8月25日の値で4万4390・65となっています。米国の株式市場の時価総額は、この指数にビリオンドル（10億ドル）の単位を付けます。44兆3906億5000万ドルというわけです。

計算の分母となる名目GDPは米商務省経済分析局のウェブサイトから引っ張ってくるのが一番正確ですが、チャットGPTを使うのが手っ取り早いでしょう。2023年1～3月期の米国の名目GDPはいくらかと聞くと、26兆4700億ドルという答えが返ってきました。

時価総額を名目ＧＤＰで割ってパーセント表示にすると、１６７・７％になります。１００％を超えたら過熱圏というのが、バフェット指標のもともとの発想ですから、米国株式市場は過熱の方向にずいぶん深入りしている感じがします。

過去には200％近くに達したことも

ウィルシャー５０００の過去データを毎年の名目ＧＤＰで割り算すれば、バフェット指標の過去データを計算することができます。月末のウィルシャー５０００を使い、１９８９年以降のバフェット指標を図42のグラフに示してみました。グラフの右端は２０２３年８月です。

一見してわかるように、直近の２０２３年８月よりも高かった局面があります。ピークは２０２１年12月末の２０７・９％です。月末値だけの比較ですが、ウィルシャー５０００も２０２１年12月末に過去最高の４万８４６１・16を記録しました。

この水準から２０２３年８月25日にかけて、米国の株式市場の時価総額は８・４％ほど縮小しました。バフェット指標の直近値はピークよりも20・５％低くなりまし

図42　米国の1989年以降のバフェット指標

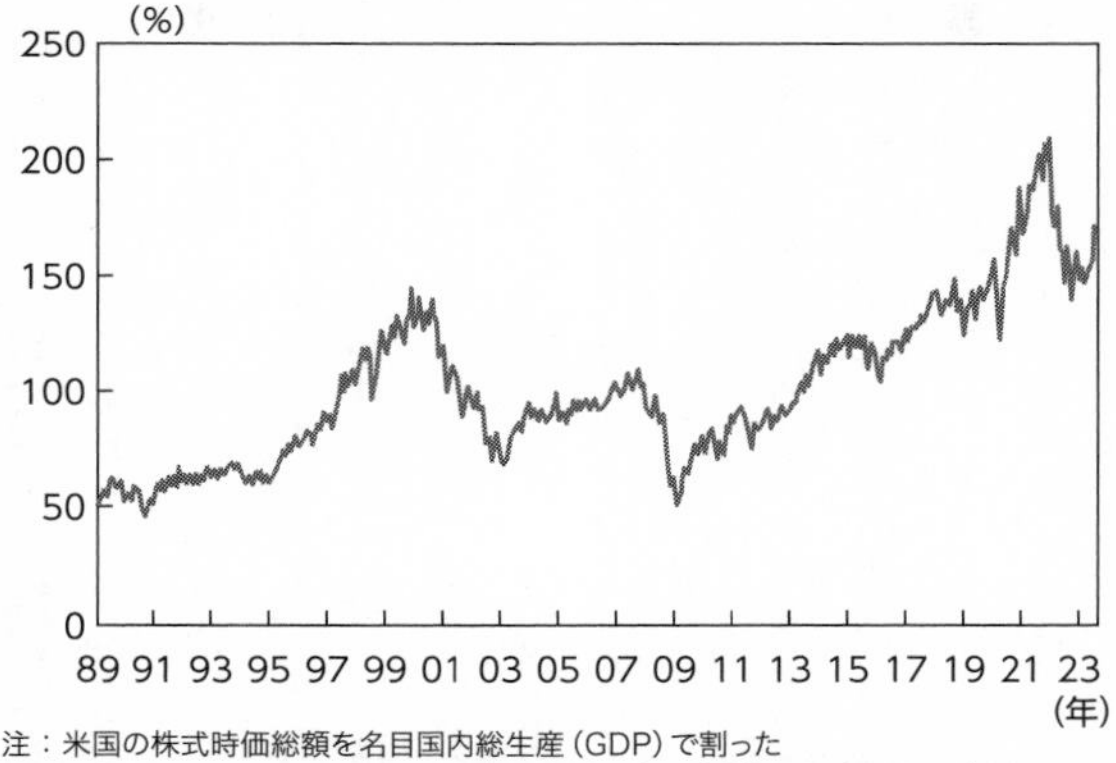

注：米国の株式時価総額を名目国内総生産（GDP）で割った
出所：米国のYahoo! Finance、国際通貨基金（IMF）「世界経済見通しデータベース」

た。時価総額の縮小率よりもバフェット指標の低下率のほうが大きいのは、計算の分母になる名目GDPがこの2年間で15・2％ほど膨らんだからです。かなりのペースで物価が上昇したからです。

ただ、ピークよりも低いといっても、過熱圏にあることは間違いないようですから、バフェットさんは安心していません。そのことはバークシャー・ハザウェイの株式投資の姿勢が安全運転に努めていることからもうかがえます。

キャッシュフローの分析――株式相場の乱高下に備える

機関投資家が安全運転というのはどういうことなのでしょうか。家計の資産運用と考え方はそう大きく変わりません。金融資産を全部、株式などのリスク資産に振り向けていたら、市場が荒れたときに大きな損失を出してしまう可能性があります。手元に余裕資金もありませんから、株価が下落して買いたくなるような水準になっても、行動に移すことができません。

こんな事態を避けるために、運用資産のうち、キャッシュ（現金だけでなく、預金などの現金同等物や、すぐに換金できる短期証券なども含む）の保有割合を高めておくといった対策を講じるのです。バークシャー・ハザウェイは保険会社ですから、保険料収入が入ってくれば運用資産も増え、キャッシュとして温存しておくこともできますが、ほかにも保有株の一部を売却して投資資金を回収しておくことも重要です。

バークシャー・ハザウェイが株式をどれだけ売買したかの計算方法の1つは、第5章（149ページ）でも説明しました。保有銘柄報告書（13F）に書いてある個々の銘柄の保有金額と保有株数のデータのうち、保有株数の変化に四半期末の株価を掛け、プラスだったら取得、マイナスだったら売却と考えるわけです。

それぞれの四半期の全保有銘柄についてこの計算を施し、すべてを合計すれば、その四半期が買い越しだったか、売り越しだったか、その金額はいくらだったかが計算できます。文章で書くと面倒くさそうですが、表計算ソフトを使えば、流れ作業のようにできるはずです。

この計算の結果は米国株ポートフォリオだけの状況を示しますから、バフェットさんが米国の株式市場についてどんな考え方を持っているかを探る手掛かりになります。

四半期報告書から直接計算

保有銘柄報告書（13F）に記載されていない外国株も含むおおざっぱな状況を知るだけでいいということならば、バークシャー・ハザウェイが3カ月ごとの決算を終えた後に米証券取引委員会（SEC）に提出する四半期報告書（10Q）または年次報告書（10K）に記載されているデータから、直接、計算することができます。

日本の決算発表書類も同じですが、四半期報告書や年次報告書には貸借対照表（バランスシート）、損益計算書、包括利益計算書、株主資本等変動計算書、キャッシュフロー計算書が掲載されています。株式の取得金額、売却金額はキャッシュフロー計算書に載っています。その差額を計算すれば、買い越しだったか売り越しだったかがわかります。

キャッシュフロー計算書のどこに注目すればいいかというと、ページの中段辺りにある投資キャッシュフローのコーナーです。２０２３年４～６月期のキャッシュフロー計算書の当該部分は、図43のようになっています。

左半分に項目見出しがあり、右半分に数字が２列になって書いてありますが、右から２番目が「２０２３年の最初の６カ月」の状況、つまり、２０２３年１～６月のキャッシュフローです。一番右側は前年同期、つまり、２０２２年１～６月の状況です。

項目見出しの一番上に「パーチェシーズ・オブ・エクイティ・セキュリティーズ」

図43　バークシャー・ハザウェイの四半期報告書（10Q）に掲載されているキャッシュフロー計算書の一部

	2023年 1〜6月	2022年 1〜6月
Cash flows from investing activities:		
Purchases of equity securities	(7,442)	(57,269)
Sales of equity securities	25,833	12,044
Purchases of U.S. Treasury Bills and fixed maturity securities	(99,060)	(100,355)
Sales of U.S. Treasury Bills and fixed maturity securities	39,991	54,637
Redemptions and maturities of U.S. Treasury Bills and fixed maturity securities	59,815	23,681
Acquisitions of businesses, net of cash acquired	(8,516)	(103)
Purchases of property, plant and equipment and equipment held for lease	(8,398)	(6,833)
Other	513	25
Net cash flows from investing activities	2,736	(74,173)

注：単位＝100万ドル。右から２番目が2023年1〜6月、最右列が2022年1〜6月の状況。
数字が括弧で囲まれているのは資金流出を示す
出所：バークシャー・ハザウェイ「四半期報告書（10Q）」2023年４〜６月期

と書いてあります。株式を2023年1～6月にどれだけ買ったかということです。単位は100万ドルですから、74億4200万ドルというわけです。数字に括弧がついているのは、お金が出ていったことを示しています。株式を買うためにお金を「支出」したことを意味しています。

2番目の項目見出しは「セールス・オブ・エクイティ・セキュリティーズ」です。株式を2023年1～6月にどれだけ売ったかということで、金額は258億3300万ドルでした。売却代金が入ってきた、つまり、「収入」ですから、数字には括弧がついていません。

この2つの金額の差は183億9100万ドルです。売却金額のほうが取得金額よりも大きかったですから、2023年1～6月は売り越しということになります。

2023年4～6月期だけの状況を知りたければ、2023年1～3月期の四半期報告書を開いて、キャッシュフロー計算書の当該部分からデータを引っ張ってきて、1～6月の金額から引き算をしなければなりません。

2023年1～3月期は取得金額が28億7300万ドル、売却金額が132億8

300万ドルで、差し引き104億1000万ドルの売り越しでした。1~6月では183億9100万ドルの売り越しでしたから、4~6月期だけでは79億8100万ドルの売り越しということになります。

日本の商社株購入の状況

2005年以降の四半期ごとの売買代金差額を図44のグラフに示しました。年次報告書では株式投資に関するキャッシュフローの状況が1994年までさかのぼるのですが、四半期報告書は記述が簡素化されていて2004年以前の状況がわからなかったため、グラフからは割愛しました。

米国株ポートフォリオだけを対象にした第5章（156ページ）での分析と同様、2022年1~3月期に歴史的な買い出動をした後、4~6月期と7~9月期は小幅な買い越しが続き、その後は3四半期連続で株式投資から資金を引き揚げたことがわかります。

決算書の作成過程にはさまざまな要素が絡むので、今回の図44のグラフと、15

図44　バークシャー・ハザウェイのキャッシュフロー計算書から作成した過去の資金流出入

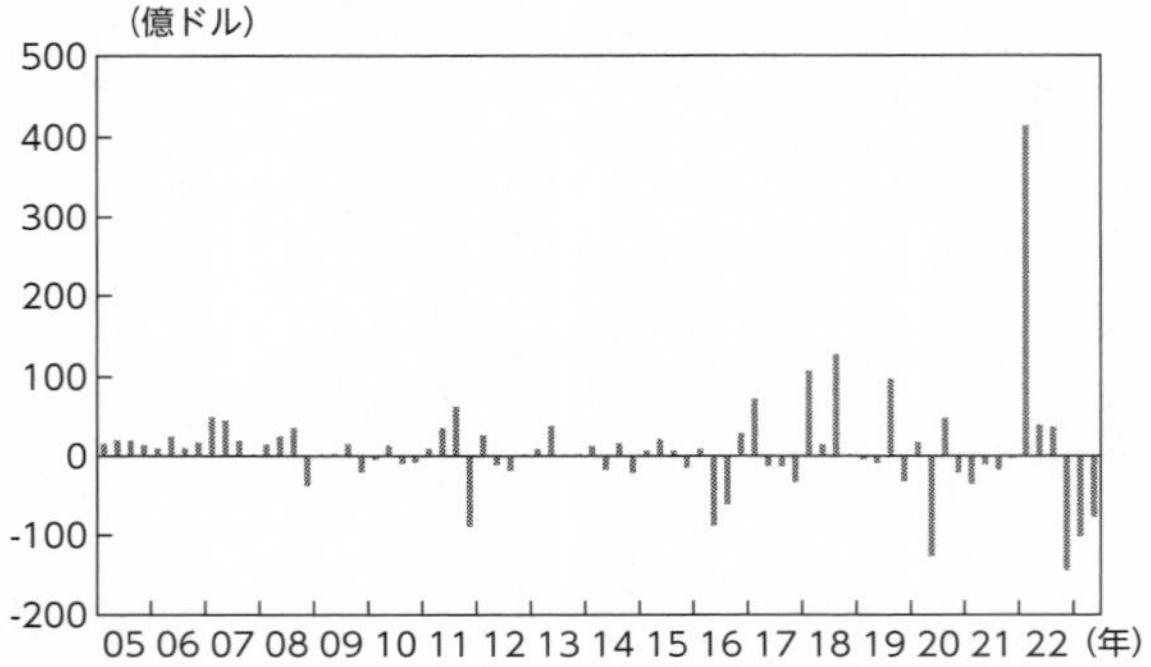

出所：バークシャー・ハザウェイ「四半期報告書（10Q）」と「年次報告書（10K）」のデータをもとに筆者作成

7ページの図36のグラフとの差が外国株の売買動向を示しているとみなしてしまっていいのかどうかわかりません。差額だけを見ると、2022年7～9月期は7億4900万ドルの売り越し、10～12月期は50億500万ドルの売り越し、2023年1～3月期は82億9300万ドルの売り越し、4～6月期は28億4000万ドルの売り越しとなっています。多額の利益を確保した中国の電気自動車メーカー・BYD株を2022年夏から売り始めたことが反映されているのかもしれません。

　また、日本の大手商社株の購入を明ら

かにした2020年7~9月期には2つの表の差額が63億6700万ドルの買い越しとなっています。その後も2021年1~3月期が20億8800万ドルの買い越し、2022年1~3月期が57億5500万ドルの買い越しとなっています。初期投資と追加購入の状況を示しているようです。

1995年以降の元本投入額は340億ドル?

もう少しキャッシュフロー計算書の分析を続けることにしましょう。資金流出入のグラフを見ると、確かに2022年1~3月期には巨額の買い出動に踏み切りましたが、その他の四半期は買い越しがあったり、売り越しがあったりで、株式への資金投入にはあまり積極的でないことがうかがえます。

年次データだけならば、1994年までさかのぼって株式の取得と売却の状況を調べることができます。

バークシャー・ハザウェイの貸借対照表に掲載されている株式の時価評価額は、コカ・コーラ株の仕込みが終わった1994年末の時点で162億5900万ドル

図45　バークシャー・ハザウェイの累積資金流出入と累積評価損益

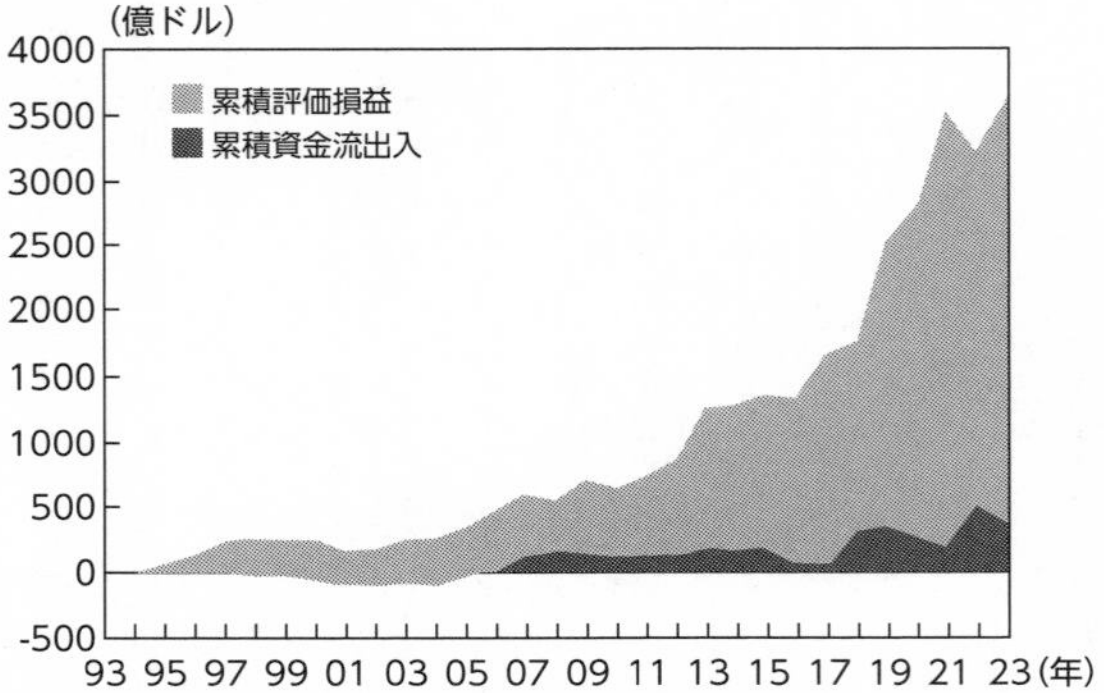

注：貸借対照表に計上されている株式の時価保有額増減のうち、キャッシュフロー計算書が示す資金流出入で説明できない部分を評価損益とした
出所：バークシャー・ハザウェイ「四半期報告書（10Q）」と「年次報告書（10K）」のデータをもとに筆者作成

でした。それが2023年6月末には3809億2000万ドルまで膨らみました。

1995年のキャッシュフロー計算書から、2023年4～6月期のキャッシュフロー計算書を全部ひっくり返してみて、株式の売買代金差額を累計すると、339億9520万ドルの買い越しになります。この数字を信じるとすれば、純資産が28年6カ月間で3646億4300万ドル増加したうち、資金の流入に伴う増加分は9・3％に当たる340億ドル弱にすぎず、90・7％に当たる３３０６億４７８０万ドルは価格効果だったということになります。その状況は図45のグラフに示しています。

第５章（１５６ページ）では「１９９９年1~3月期から２０２３年4~6月期までの98四半期の累計の売買代金差額は１０５９億７７９０万ドルの買い越し」と説明しました。対象は米国株ポートフォリオだけで、集計期間も１９９９年以降と、今回の集計とはちょっと異なりますが、今回の計算結果とは７２０億ドルほどの食い違いがあります。

大きな差をもたらしている要因をすべて分析することは筆者の手に余りますが、中国のＢＹＤなど外国株の値上がりが多額の売却代金収入をもたらしていることは確かです。バフェットさんは過去の「株主への手紙」で、ＢＹＤのほか、スイス再保険（スイスリー）、ミュンヘン再保険（ミューニックリー）、韓国の鉄鋼メーカーのポスコ、英国スーパーのテスコの株式保有を明らかにしています。日本の大手商社株にも大きな期待を寄せているのは間違いありません。

高い現金比率は慎重さの表れ

バークシャー・ハザウェイの四半期報告書（10Q）や年次報告書（10K）からは運用資産がどんな割合で投資されているのかを確認することができます。掲載されているのは貸借対照表（バランスシート）です。2023年4〜6月期の四半期報告書に掲載されている6月末の貸借対照表は図46の通りです。

貸借対照表の資産側（借方）だけを見ていますが、上段が「保険業その他」、下段が「貨物鉄道・公益・エネルギー事業」となっています。株式投資などの運用は保険業に伴うものですので、もっぱら上段の金額に注目します。数字が書いてある右側2列のうち、左側が「2023年6月末の状況」、右側が「2022年12月末の状況」です。

項目見出しのうち、資産運用に関係があるのは最上段の「現金及び現金同等物」、2番目の「米政府短期証券」、3番目の「債券投資」、4番目の「純投資株式」、5番目の「エクイティ・メソッド・インベストメンツ」です。これは、持ち分法適用の関連会社株式のことで、ここに該当する主な銘柄はクラフト・ハインツとオキシデ

図46　バークシャー・ハザウェイの貸借対照表

Financial Statements BERKSHIRE HATHAWAY INC. and Subsidiaries CONSOLIDATED BALANCE SHEETS	2023/6/30	2022/12/31
ASSETS		
Insurance and Other:		
Cash and cash equivalents*	$ 44,611	$ 32,260
Short-term investments in U.S. Treasury Bills	97,322	92,774
Investments in fixed maturity securities	22,353	25,128
Investments in equity securities	353,409	308,793
Equity method investments	27,493	28,050
Loans and finance receivables	23,530	23,208
Other receivables	45,590	43,490
Inventories	25,295	25,366
Property, plant and equipment	21,413	21,113
Equipment held for lease	16,028	15,584
Goodwill	50,982	51,522
Other intangible assets	29,819	29,187
Deferred charges - retroactive reinsurance	9,454	9,870
Other	19,917	19,657
	787,216	726,002
Railroad, Utilities and Energy:		
Cash and cash equivalents*	5,444	3,551
Receivables	6,067	4,795
Property, plant and equipment	171,747	160,268
Goodwill	34,871	26,597
Regulatory assets	5,452	5,062
Other	30,776	22,190
	254,357	222,463
	$ 1,041,573	$ 948,465

注：単位＝100万ドル
出所：バークシャー・ハザウェイ「四半期報告書（10Q）」2023年4～6月期

ンタル石油です。

キャッシュポジションは20〜30%?

どちらでもいいと思うのですが、筆者は運用資産のうちキャッシュの割合(専門的にはキャッシュポジションといいます)を計算するときに、下段の「貨物鉄道・公益・エネルギー事業」の欄に掲載されている「現金及び現金同等物」も加えて考えています。

2023年6月末現在のキャッシュは上段の「現金及び現金同等物」の446億1100万ドル、「米政府短期証券」の973億2200万ドル、下段の「現金及び現金同等物」の54億4400万ドルの3つを足した1473億7700万ドルになります。

合計の運用資産額はこのキャッシュに「債券」の223億5300万ドル、「純投資株式」の3534億9000万ドル、関連会社株式の274億9300万ドルを加えた5506億3200万ドルになります。

図47　バークシャー・ハザウェイのキャッシュポジション

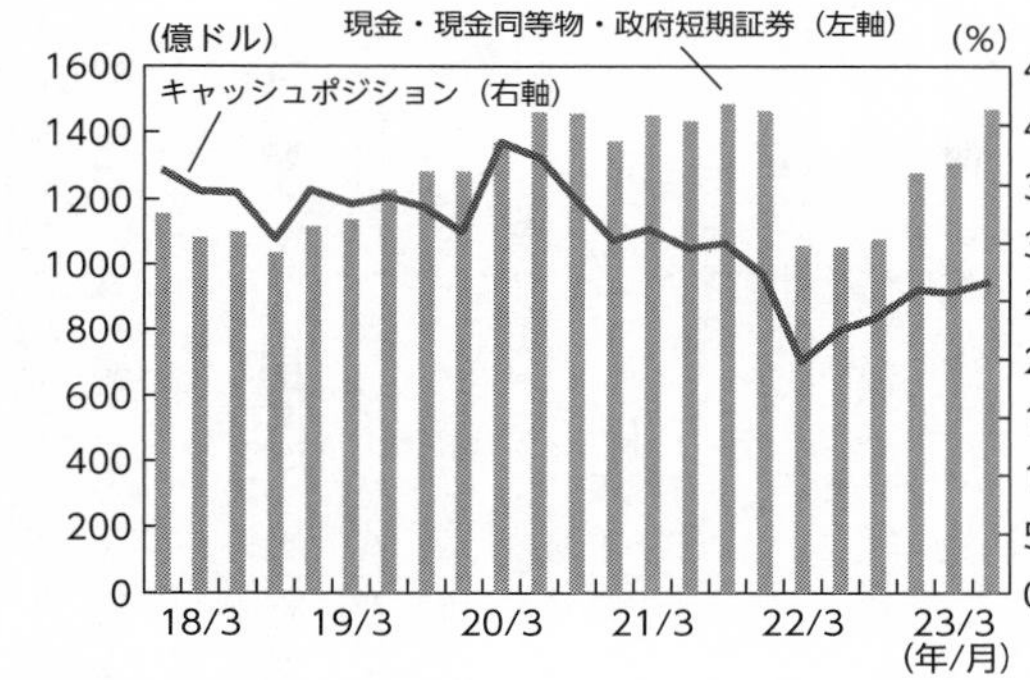

注：四半期ごとの数字を表示
出所：バークシャー・ハザウェイ「四半期報告書（10Q）」と「年次報告書（10K）」のデータをもとに筆者作成

キャッシュを合計の運用資産額で割ってパーセント表示したのがキャッシュポジションです。計算をすると26・77％になります。2016年12月末から2021年9月末までおおむね30％以上で推移してきたので、やや低い感じもしますが、2022年1～3月期に歴史的な買い出動をして、19・82％まで低下した局面からは急速に回復しています。その状況は図47のグラフに示しています。

　バフェット指標が過熱圏に入っていることもありますし、バフェットさんのような割安感を重視するバリュー投資家の観点からは、買いどきと思えるような銘柄も少ないのでしょう。高めのキャッシュポジションを維持して、大きな買い場の到来に備えていると考えることができます。

日本のバフェット指標は1989年末のピークに並ぶ

これまではバフェットさんの投資姿勢に絡めて、米国市場のバフェット指標を説明してきましたが、東京株式市場でもバフェット指標は計算できます。日本では時価総額が一定金額以上の企業はほとんど東証プライム市場（旧1部）に上場していますから、バフェット指標の時価総額は東証のウェブサイトに日々掲載される東証プライムの時価総額でいいでしょう。

分母は内閣府が公表している国民経済計算（GDP統計）を参照すれば、最新データが入手できます。過去の名目GDPは内閣府のウェブサイトで探すのは面倒ですので、国際通貨基金（IMF）の「世界経済見通しデータベース」から引き出してくるのが効率的です。

まずは直近のデータから確認します。2023年8月25日現在の東証プライムの

図48　東証時価総額、日本の名目GDP、バフェット指標

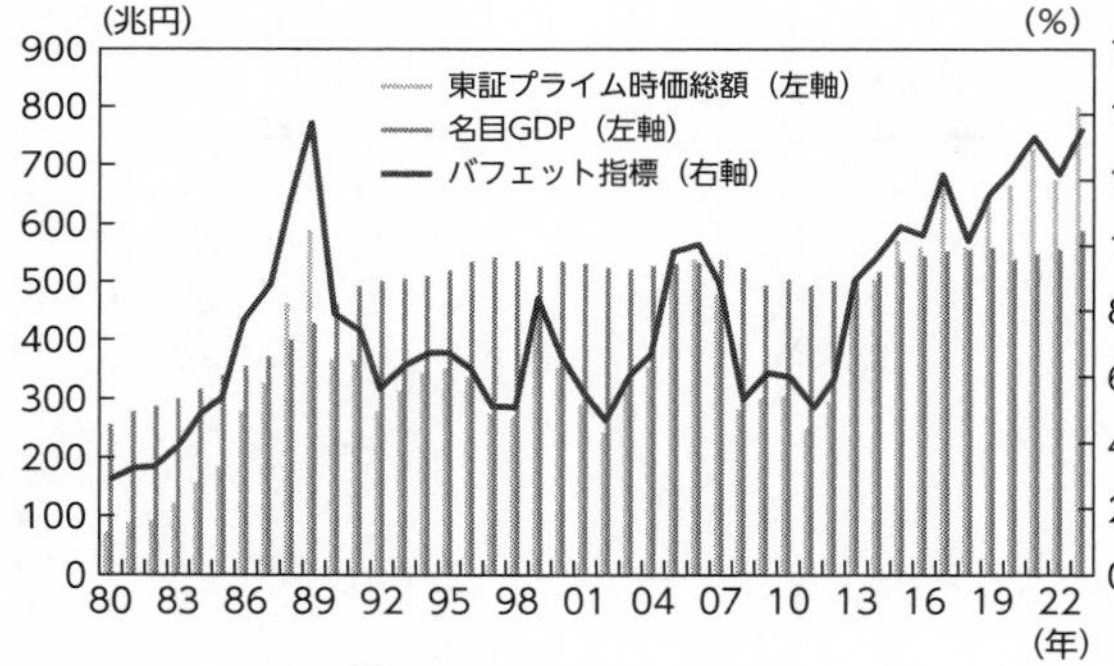

注：数字は各年末時点（2023年は8月25日）
出所：東証、日本経済新聞、国際通貨基金（IMF）「世界経済見通しデータベース」

時価総額は803兆3559億円でした。名目GDPは2023年4～6月期の速報値までが公表済みですが、季節調整して年率換算した値は590兆7006億円でした。

前者を後者で割ってパーセント表示をすると、136・0％になります。米国市場の165・3％ほどは高くありませんが、100％を超えたら過熱圏入りという考え方に基づく指標ですので、十分に過熱圏に入っています。

8月25日の日経平均株価は3万1624円28銭でしたが、2023年に入ってからの高値は7月3日に記録した3万3753

円33銭でした。当日の東証プライムの時価総額は822兆円前後でしたから、バフェット指標は139％前後まで上昇する局面もあったのではないかと思います。

同様の計算を過去にさかのぼって実施し、図48のグラフに示しました。年末値だけの比較ですが、これまでの最高は日経平均株価が最高値の3万8915円87銭を記録した1989年末でした。年末の時価総額590兆9087億円を1989年の名目GDPの430兆4445億円で割ってパーセント表示をすると、137・4％になります。

2023年8月25日現在では136・0％ですから、1980年代のバブルピーク並みの水準になっていることがわかります。2023年に入って34年前のバブルピークを上回る日もあったでしょう。日経平均株価の動きが鈍いのは、実体経済に比べた株価の割高感が、バブルピーク並みに強まっていることも一因ではないかと思われます。

割高なのか割安なのか

もっとも、東京市場ではバフェット指標だけを見て株式相場を割高だと指摘することには異論を唱える向きもありそうです。たとえば、株価を1株当たり純資産で割った株価純資産倍率（PBR）が1倍を割っている企業の多さです。8月25日現在では東証プライム上場の1830社の46・3％に当たる847社がPBR1倍を割っていました。東証スタンダード上場企業の状況はもっと悪く、1429社のうち59・6％に当たる852社が1倍割れでした。

東証は2023年3月末に上場企業に対し、PBRの向上を意識した経営をするように要請しました。といっても短兵急には無理で、PBR1倍割れの企業が大きく減少したわけではありません。東証プライム上場企業の平均PBRは8月25日現在で1・26倍にとどまっています。1989年末には日経平均採用銘柄の平均PBRは5・6倍でした。

株価を予想1株当たり利益で割った株価収益率（PER）も、1989年末には61倍の高さでした。2023年8月25日現在では14・89倍と4分の1程度になっています。1989年当時はさまざまな株価指標が単体決算ベースでしたから、今日のように連結決算ベースで指標を計算する場合に比べて数値が大きめになるのですが、それでもPBRやPERを見る限り、株式相場に割高感が強いとはいえないように感じます。

割高感を示すバフェット指標と、割安感を示すPBRやPERとの共存は何を意味しているのでしょうか。1つは民営化企業を中心に、1989年当時には上場していなかった企業が次々に市場に登場してきて、時価総額を押し上げた面がありまず。東証1部の上場企業数は1989年には1200社前後でしたが、2023年8月にはプライム市場に1830社が上場しています。

もう1つはPBRの計算の分母となる上場企業の純資産や、PERの計算の分母となる企業の利益が増えました。東証のウェブサイトの「決算短信集計」からは1997年以前のデータが削除されてしまったため、1989年当時の状況はインターネット上では確認できませんが、2022年度を1998年度と比べると、上場企業全体の売上高は1・9倍、経常利益は5・8倍、純利益は26・3倍、純資産

図49　東証上場企業の売上高と経常利益

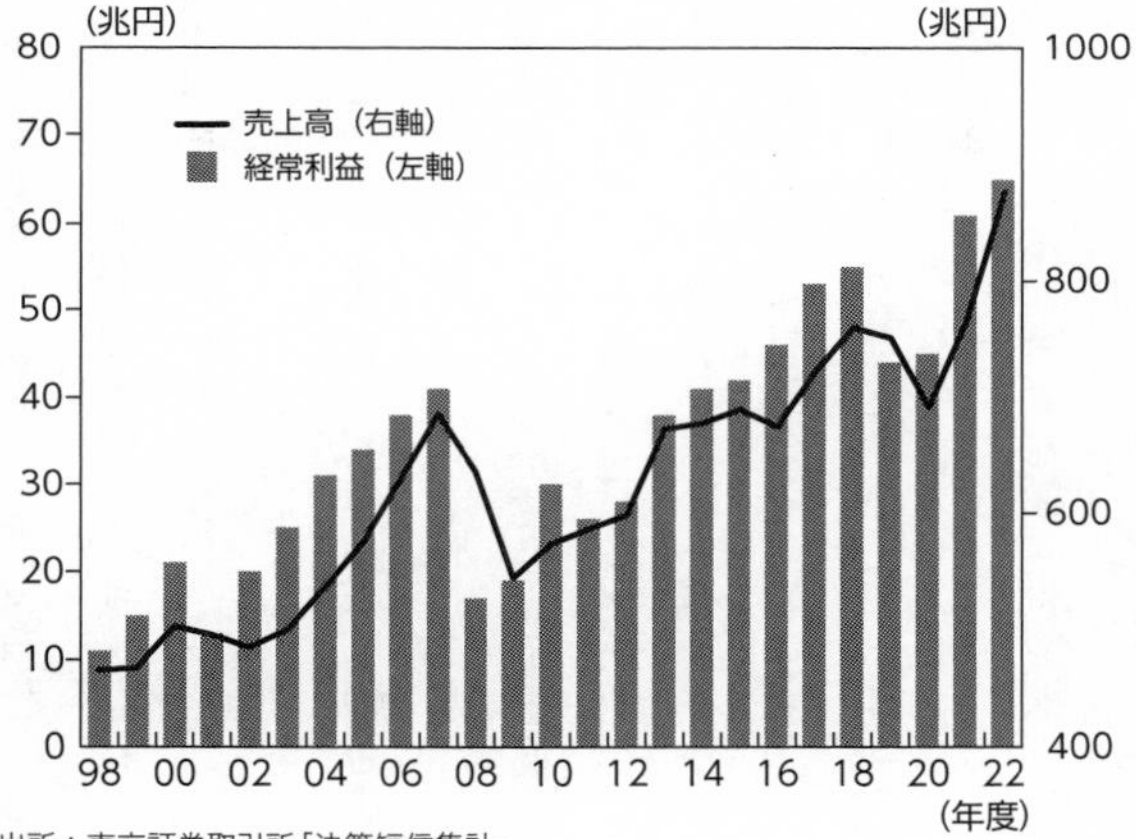

出所：東京証券取引所「決算短信集計」

は３・３倍になっています（図49）。

名目ＧＤＰは１９８９年の１・４倍、１９９８年の１・１倍になっただけなのに、上場企業の利益や純資産が大幅に増加したため、日本株はバフェット指標を見ると割高だけれども、ＰＢＲやＰＥＲを見ると割安だという状況を生んでいるようです。

世界の株式相場が今後、大幅な下落局面を迎えたときに、東京市場が難を逃れることはないだろうと思いますが、相場全体よりも個別企業の割安感に注目した投資ならば、相対的に優位かもしれません。

全世界で考えてみる——時価総額とGDPをグローバルで

バフェット指標はわかりやすい指標ですが、たとえば米国株式市場の時価総額を押し上げているGAFAM（アルファベット＝グーグル、アップル、メタ＝フェイスブック、アマゾン・ドット・コム、マイクロソフト）の事業活動が全世界に広がっていることを考えると、米国市場の時価総額を米国の名目GDPで割ることにどんな意味があるのか、疑問も感じます。

もっぱら各国の上場企業の活動領域がその国内に収まっているような時代ならば、時価総額と名目GDPとを比較して、株式相場の過熱感の有無を議論してもよさそうですが、分子がグローバル、分母がドメスティックでは指標がどこまで有効か、わからないのではないでしょうか。

そこで今回は分子を世界の株式市場の時価総額の総合計、分母を世界の名目GDPの総合計にして、グローバル版のバフェット指標を作成してみようと思います。世界の株式市場の時価総額は世界取引所連盟（WFE）の統計データベースから引っ張ってきます。世界の名目GDPの総合計は国際通貨基金（IMF）の世界経済見

図50　世界の株式時価総額と名目GDP

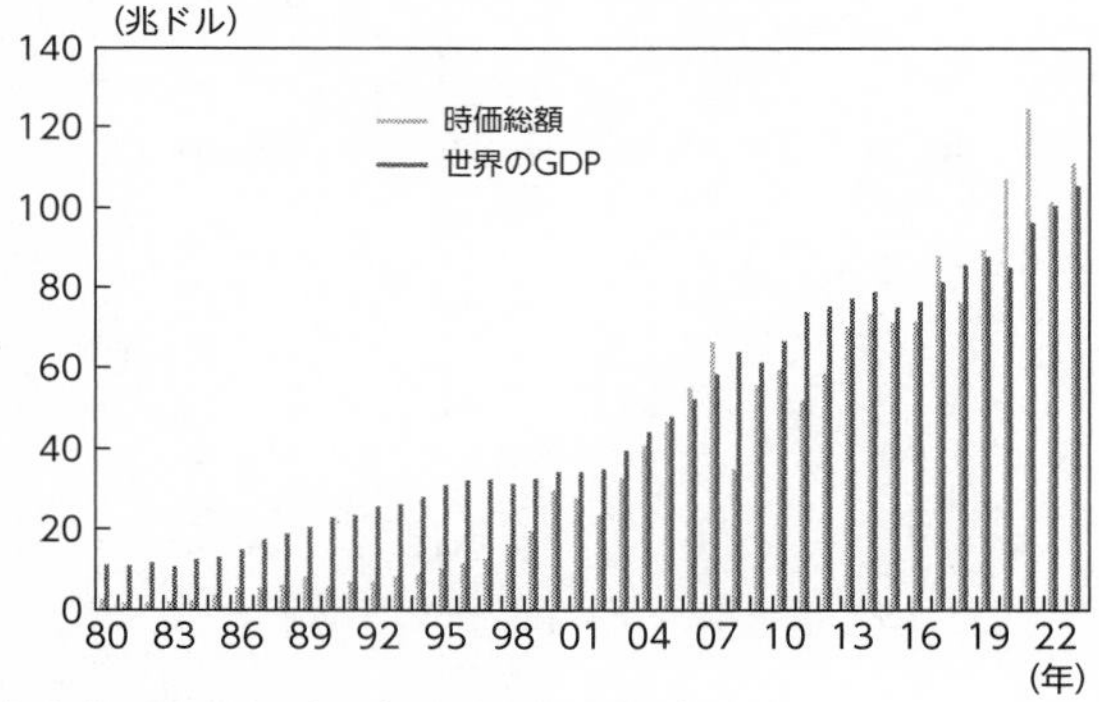

出所：世界取引所連盟（WFE）、国際通貨基金（IMF）

通しデータベースを利用します。

まずは世界の株式市場の時価総額です。２０２３年６月末現在では１１０兆４３１９億ドルでした。２０２３年以外は年末値だけの比較ですが、これまでの最高は２０２１年末の１２４兆５１１６億ドルとなっています。世界取引所連盟のデータは１９９９年末までしかさかのぼれませんが、その時点では20兆７５６億ドルでしたので、２０００年以降に一時は６倍以上に成長した計算になります。

１９９９年以前の時価総額を推計するため、ＭＳＣＩの全世界株指数の過去データなどを活用して試算すると、１９９０年末には6兆6700億ドル前後、1980年末には2兆2900億ドル前後でした。43年間で50倍近くになった計算です。日本はともかくとして、世界的に株式の時代を迎えていたことや中国など新興国・地域の株式市場の成長が大きく寄与したからでしょう。

次は世界の名目GDPですが、IMFの推計では2023年に105兆5688億ドルになっています。1980年の11兆2360億ドルの9・4倍になりました。年平均の成長率は5・3%。図50に示す通り、世界は順調に成長しました。日本はバブル崩壊後、最近のインフレ局面は別として、名目ではほぼゼロ成長が続きました。日本が相対的に衰退していったことがうかがえます。

足元では100%をやや上回る

1980年からの43年間でグローバルの時価総額が50倍近くになり、名目GDPが9・4倍になったわけですから、世界全体のバフェット指標も右肩上がりになったと想像できます。年末値のバフェット指標を使って折れ線グラフを作成すると、

図51　世界の株式時価総額に対するバフェット指標

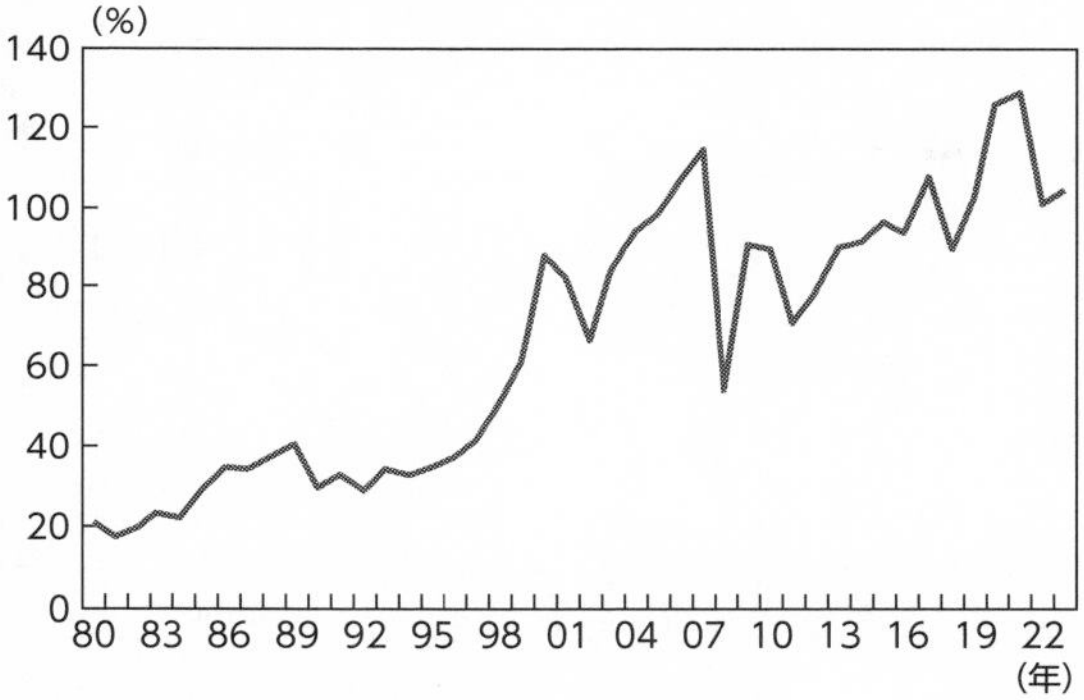

出所：世界取引所連盟（WFE）、国際通貨基金（IMF）

図51のようになりました。

2023年6月末のバフェット指標は104・6%です。過熱感があるかどうかの分岐点は100%ですから、世界の株式相場には多少の過熱感があるといえます。ただ、米国をはじめ、多くの国・地域が利上げに着手する前の2021年末には129・3%の高さにありましたから、世界の株式相場は若干、クールダウンしているのではないでしょうか。

世界のバフェット指標を月ベースで見ると、情報技術（IT）株バブルが崩壊の瀬戸際だった2000年3月末に102・6%を記録しました。リーマン・ショックのほぼ1年前、米国の住宅バブルがピークだった2007年10月末には118・3%の高さにありました。企業活動もグローバル化し、投資家もグローバルに動く昨今ですから、米国や日本など一国のバフェット指標で過熱感を語るよりも、グローバルのバフェット指標に着目したほうが有効かもしれません。

第7章　バフェットさんから学ぶこと

商社株投資もリスク分散——取得前に円建てで起債

「米国に有望な企業はあっても、株価水準が高くて買いにくい」

バフェットさんが本当にこう考えているかどうかはわかりませんが、数年に1回の大きな投資判断の一環として日本の大手商社株を選んだのは確かです。用意周到に取り組んだようで、最初に円建て社債を発行し、投資資金を準備しました。

2019年9月から2023年4月にかけての5年間で6回の起債をしています。発行額は2019年9月が総額4300億円、2020年4月が総額1955億円、2021年4月が総額1600億円、2022年1月が総額1285億円、2022年12月が総額1150億円、2023年4月が総額1644億円でした。

6回の合計では1兆1934億円。円建てで起債したからといって、円建ての資産を購入するとは限りませんが、2020年8月末までに約6000億円を投じて日本の大手商社5社の株式を5・02~5・06%の比率(それぞれの商社の発行済み株式数に対する割合)で購入しました。

その後も継続的に買い増しをした結果、出資比率は図52に示す通り、2022年

図52　バークシャー・ハザウェイの大手商社5社への出資比率

社名	大量保有報告書及び変更報告書の提出日		
	2020/8/31	2022/11/21	2023/6/19
三菱商事	5.04%	6.59%	8.31%
三井物産	5.03%	6.62%	8.09%
伊藤忠商事	5.02%	6.21%	7.47%
丸紅	5.06%	6.75%	8.30%
住友商事	5.04%	6.57%	8.23%

出所：金融庁「EDINET」

11月21日に提出した変更報告書で6・21〜6・75%に高まり、さらに2023年6月19日に提出した変更報告書で7・47〜8・31%に高まりました。バークシャー・ハザウェイは最高で9・9%まで買う意向も明らかにしています。

大量保有報告書は株式を5%以上保有した場合に提出義務が発生し、その後も出資比率が1%以上変動するたびに変更報告書を提出しなければなりません。バークシャー・ハザウェイの完全子会社の米ナショナル・インデムニティー・カンパニーの名前で提出されています。

バフェットさんはアクティビスト（物言う株主）のように投資先企業の運営に注文を付けないことが基本ですので、投資目的も「純投資」となっています。

底値で買ったわけではない

最初に大手商社株の保有を明らかにしたのは、バフェットさんの90歳の誕生日に当たる2020年8月30日のことでした。この日にまとめて買ったわけではなく、1年がかりで買い集めてきたそうです。注意しなければならないのは、購入時点で株価はすでにかなり値上がりしていたことです。

図53にあるように、2020年8月末の株価はたとえば20年前の2000年8月末の株価の1・5~5・8倍になっていました。2000年当時は情報技術（IT）株が上がり、重厚長大株が下がる極端な二極化相場となっていて、商社株は重厚長大株の一角として放置されている状態でした。

とはいえ、その後にかなり上昇しましたから、普通の投資家ならば「ここからさらに上昇余地があるのか」と考え込んでしまい、なかなか買いに踏み切れないものです。そこをバークシャー・ハザウェイが買ったというのは、面白い話です。

実は現在の米国株ポートフォリオの約半分を占めているアップル株も、2016年1~3月期にバークシャー・ハザウェイが買いに動いたときには、多くの市場関

図53　大手商社5社の株価と3年間の投資収益率

社名	2000年8月末（円）	2020年8月末（円）	2023年8月25日（円）	3年間の投資収益率
三菱商事	780	2512.5	6860	286.4%
三井物産	717	1914	5304	292.0%
伊藤忠商事	470	2723.5	5411	173.3%
丸紅	295	639.6	2315	491.6%
住友商事	930	1374.5	2890.5	205.0%

注：投資収益率は配当を含むリターン
出所：日本経済新聞社

係者から「遅すぎたのではないか」と指摘されました。

実際、2016年3月末のアップルの株価は27・25ドル（株式分割に伴う権利落ち修正済み）で、20年前の1996年3月末の0・22ドルの124倍、10年前の2006年3月末の2・24ドルからでも12倍強になっていました。しかし、図54の通り、その後のアップルの株価の上昇は、バフェットさんの買い判断が決して遅くはなかったことを実証しています。

1994年末に買い仕込みが完了したコカ・コーラも必ずしも底値で買ったわけではありません。1994年12月末の株価は12・88ドル（株式分割に伴う権利落ち修正済み）でしたが、約10年前の1985年1月末には1・25ドルでした。10年間で10倍以上に値上がりした銘柄を戦略的に買った点では、アップルもコカ・コーラも同じで、日本の

図54　バークシャー・ハザウェイによる取得前と取得後の株価

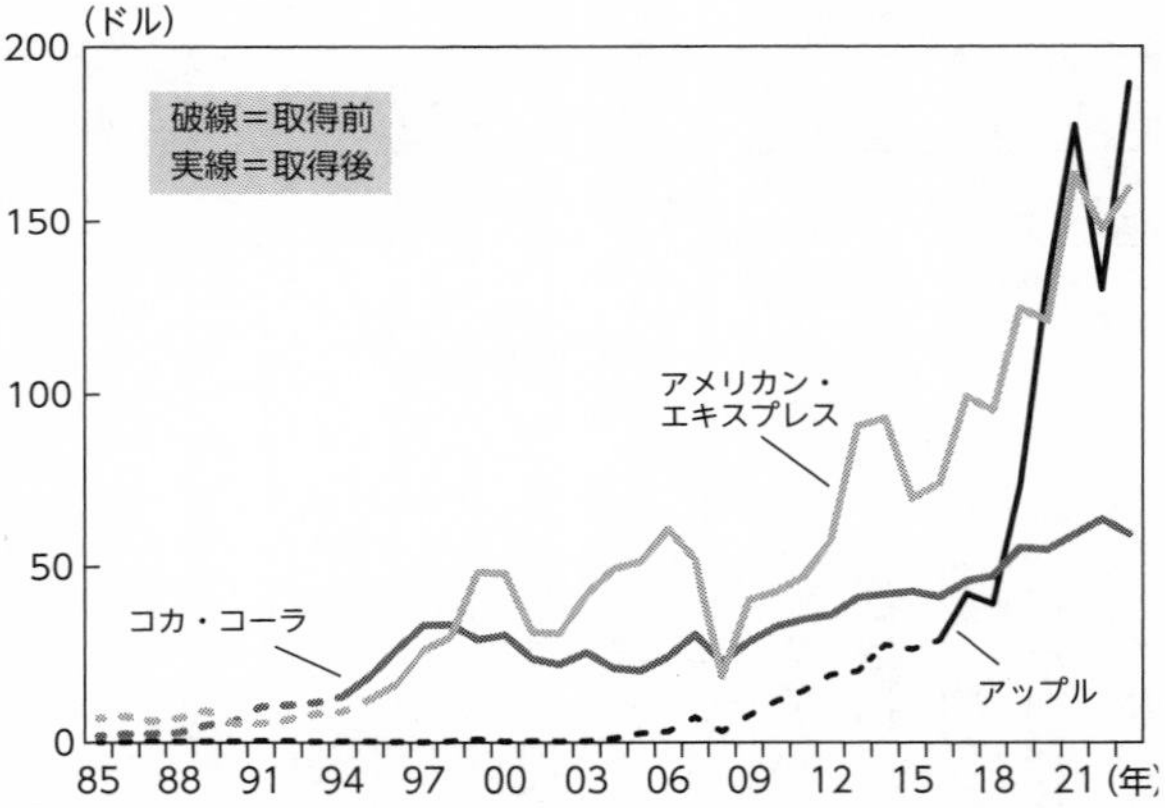

注：コカ・コーラの取得完了は1994年、アメリカン・エキスプレスの取得完了は1995年、アップルは2016年から段階的に取得
出所：米国のYahoo! Financeなどのデータをもとに筆者作成

商社株買いにも通じる投資姿勢のように感じます。

日本の商社株については、まだ購入途中と見られるので、その買いによっても株価に上昇圧力が働く可能性があり、最終的な投資損益はすべてを売却し終えるまではなんともいえないと思います。しかし、評価損益の段階では大幅な黒字となっていて、今回の決断はとりあえず、成功裏に推移しているといってもよさそうです。

事業家の目で企業を見る――長期的な業績向上への期待

バフェットさんは日本の大手商社株を取得した理由について、日本の地政学的な優位性に着目したことと、商社との協業に期待していることを挙げています。確かに米中摩擦が激化するなか、外国企業のなかには中国での事業活動の先行きに不安を感じているところもあり、日本への事業分散も選択肢に入っているようです。

商社との協業の可能性は多分にリップサービスだろうと思いますが、バークシャー・ハザウェイは貨物鉄道事業やエネルギー事業も展開しているため、何らかの手掛かりがあるかもしれません。

ただ、バフェットさんは投資家ですから、基本的には投資目的は事業成長による長期的な値上がり益や配当を期待してのことであり、具体的な事業提携のためではないでしょう。株式を取得する動機については、1996年版の「株主への手紙」で語った通りです。

「投資家としての目的は、わかりやすい事業をしていて、5年、10年、20年後に今よりもかなり多くの利益を稼いでいるだろうと思われる企業の株式を、合理的な価格で買うことに尽きる」

２０２１年版の「株主への手紙」にも次のような表現があります。

「私たちがどんなかたちで株式を保有していたとしても、私たちの目標は、長期的な経済優位性があり、一流のＣＥＯがけん引している事業に、意義のある投資をすることです。特に留意してほしいのは、当社は長期的な業績向上への期待を手掛かりに株式を保有しており、市場の動きからタイミングよく売買益を稼ぐためではないことです。この点はきわめて重要です。チャーリー（チャーリー・マンガー副会長）と私はストックピッカー（銘柄選別者）ではありません。ビジネスピッカー（事業選別者）です」（括弧内は筆者注）

株価は最も低い水準からはかなり上昇している。しかし、事業家として企業を見た場合には、長期的にまだまだ上昇余地があるだろう。コカ・コーラやアップルにも共通しますが、こんな点が日本の大手商社株の取得に踏み切った動機ではないでしょうか。

「吸い殻投資」の考え方も

バフェットさんは会長兼CEOとしてバークシャー・ハザウェイを率いていて、保険事業以外にも貨物鉄道事業やエネルギー事業を展開していますから、事業家として企業を見る力は十分に持っていると想像できます。

ただ、純投資先の企業の経営にはあれこれ言わないのが基本姿勢です。それに、本当に長期的な成長力を見極めて投資先企業を選ぶというのならば、大手商社の株式を5社まとめて買うという行為とは矛盾しています。最も成長が期待できる1社に絞って購入するのが、本来の責任ある投資家のあり方ではないかとの指摘もあります。

米国でも業種横断的に購入銘柄を選ぶことは多いです。大手銀行株は幅広く買いましたし、コロナの流行を見て全部売ってしまいましたが、航空会社の株式も相前後して4社まとめて買いました。ファイザーやメルクやその他医薬品企業にもまとめて投資しましたし、2023年4~6月期には住宅建築業者3社の株式を同時に買いました。

こうした行動から想像するに、企業を見ているというよりも、経済全体の流れを見て、これからどんな業種が脚光を浴びるかに注目している節もあります。そして米国株全体が高くなったから、今度は今まで見向きもしなかった日本株のなかに、何か目ぼしい投資先候補があるのではないかと考えた可能性もあります。

かつてバフェットさんは株式投資の極意を「吸い殻投資」と説明したことがあります。道ばたに落ちているたばこの吸い殻は普通、気持ちが悪くて拾って吸おうなどとは考えないでしょうが、これを実行すれば、少なくとも一服の清涼感は味わえるというわけです。

1998年のことでしたが、米国のフロリダ州で実施した学生に対する講義で、日本株はこの吸い殻投資にも値しないと語ったと伝わっています。それから時を経て、米国株が高値で買いづらいなか、バフェットさんの視野の外だった日本株にもたばこの吸い殻ぐらいの価値はあるのではないかと考え、なかでも一定の株式の流動性がある商社株に白羽の矢を立てたのではないかと考えることもできます。

いつかは売るときがくる

バークシャー・ハザウェイが出資比率を9・9%まで高めるためにさらに大手商社株を買い増しているのかどうかはわかりませんが、いつかは売るときがくるでしょう。米国でも銀行株のなかで最も保有期間が長かったウェルズ・ファーゴは、多くの銘柄に歴史的な買い出動をした2022年1〜3月期に全部、売り切ってしまいました。

1990年代から投資をしていたジレット株は、プロクター・アンド・ギャンブルに買収された後も持ち続けていますが、2023年6月末の保有株数はごくわずかで、保有金額も4800万ドルまで縮小しています。外国企業も2008年に取得した中国のBYDは2022年夏から利益確定売りに転じ、香港の株式市場ではバークシャー・ハザウェイによる売りを警戒して株価が下落中です（図55）。

問題は、大手商社株をどんなタイミングでどう売るのかでしょう。米国の航空会社株のようにまとめて手放してしまう可能性もあります。銀行のように、保有を続けるのはバンク・オブ・アメリカに絞り、ほかは売却してしまう可能性もあります。

図55　香港証券取引所での中国BYD（比亜迪）の株価

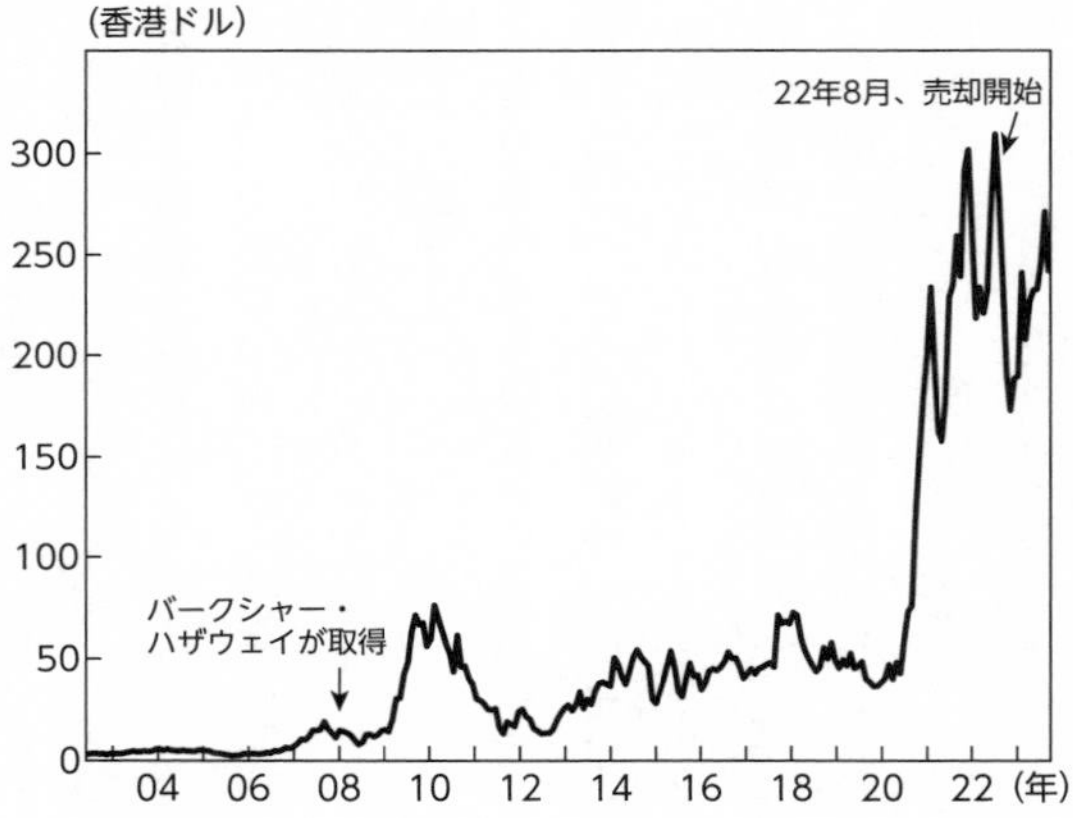

出所：各種資料をもとに筆者作成

バフェットさんは投資家ですから、株価の上昇期待が薄れたら、売りを検討するのではないでしょうか。

大手商社にとっての課題は、バークシャー・ハザウェイが保有している株式が売りに転じたときに、次の買い手をどう用意するかということかもしれません。何しろ最大限で発行済み株式の9・9％を保有するわけですから、BYDのように市場で売られたら、少なくとも一時的には株価が下がる可能性がありますし、会社にとって非友好的な株主の手に渡ったら、面倒なことが起きる可能性があります。

2023年の東京株式市場は、バフェットさんが買いに動いたことで株高に対する期待が芽生えた面もあります。売りに転じたときに悲観が広がらないかも心配です。

経営者の側面と投資家の側面——継続的に資金を振り向けられる

投資の神様と称されるバフェットさんも、値上がりしそうな銘柄を当てるのに長けていたかといわれると、必ずしもそうではないことをさまざまなデータが物語っています。コカ・コーラなどのコア銘柄に関しては「割安株の長期投資家」という評価が当てはまる面もありますが、1銘柄の平均保有期間は3・8年にすぎず、マージャンのツモ切り（順番がきて引いてきた牌をそのまま場に捨てること）のような感覚で、買ってから3カ月程度で売却することも多いです。

それでも会長兼CEOとして率いているバークシャー・ハザウェイの株価を、市場全体の動向を示す指数である配当込みS&P500と比較すれば、長期的な値上

図56　バークシャー・ハザウェイの売上高と最終損益

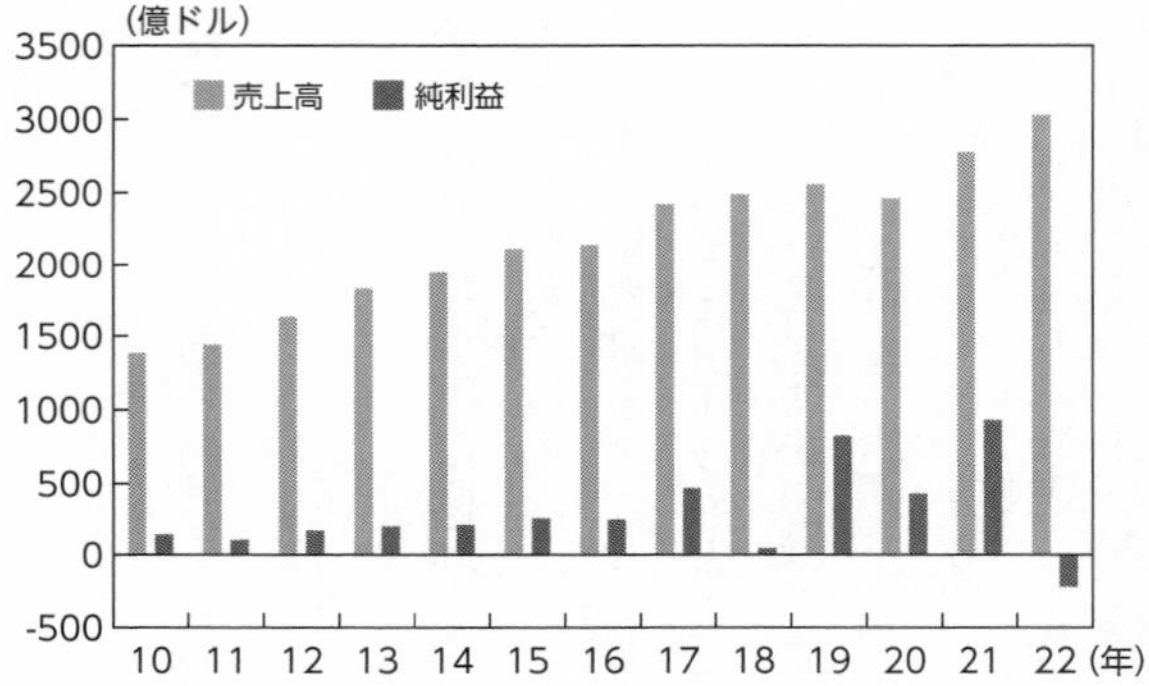

注：2018年から会計基準の変更で上場株の評価損益を最終損益に反映する必要が出てきたため、損益の振れ幅が大きくなった
出所：バークシャー・ハザウェイ「年次報告書（10K）」

がり率では大差をつけました。その軌跡は第4章の図30（138ページ）のグラフに表れています。

　バフェットさんがすごいのは、投資家としての眼力ではなく、保険金を支払うまで保険料を運用できる保険会社の仕組みを通じて、継続的にお金を株式投資に振り向けられるメカニズムを作ったことではないでしょうか。

　投資以外の事業も持ち分法適用の関連会社であるクラフト・ハインツを通じて実施している食品事業は不調とのことですが、貨物鉄道事業やエネルギー事業は順調に推移しているようです。年次報告書（10Ｋ）から年間の売上高と純利益の数字を引用し、グラフにすると図56のようになります。

２０１８年からは米国の会計基準の変更で、保有する上場株の評価損益を最終損益に反映させなければならなくなりました。バフェットさんは「決算が事業活動の本来の収益力を表さなくなった」と懸念していますが、売上高は基本的に右肩上がりですから、事業は順調に推移しているという理解でいいと思います。

自社株買いは積極派へ宗旨替え

バフェットさんが投資家としてではなく、経営者として大きく考え方を変えたこともあります。自社株買いへの慎重姿勢を積極姿勢に転換したことです。２０１２年に定めた方針では、株価が１株当たり純資産の１・２倍を上回っている場合には自社株買いをしないことにしていたのですが、２０１８年７月17日にこの制限を撤廃し、バフェットさんとチャーリー・マンガー副会長が必要と認めれば、いつでも自社株買いをすることにしました。

図57　バークシャー・ハザウェイとアップルの自社株買い

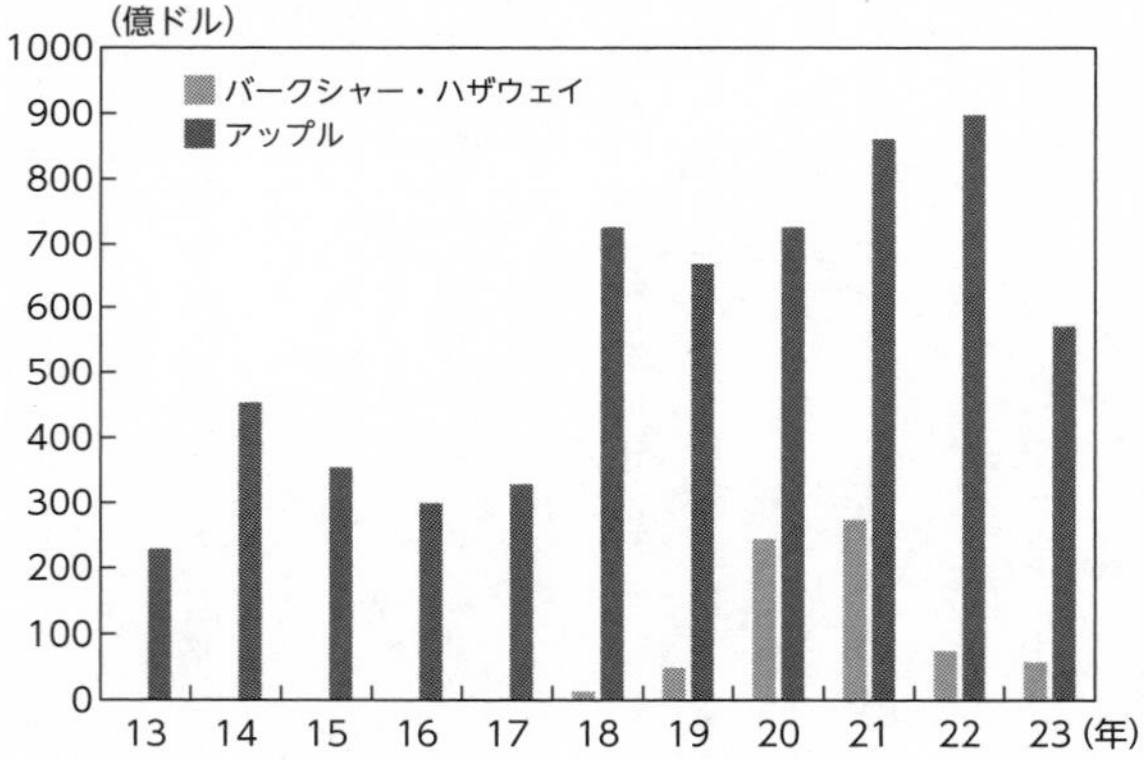

注：アップルは9月期決算、2023年は2022年10月～2023年6月の9カ月間。バークシャー・ハザウェイの2023年は1～6月の6カ月間
出所：バークシャー・ハザウェイ「年次報告書(10K)」

従来、マンガー副会長は株主総会の場で、米国企業に広がる自社株買いについて「単に株価の維持が狙いだ」などと批判していました。特に株価が1株当たり純資産を大幅に上回る局面での自社株買いは、1株当たりの純資産の減少に結びつくため、既存株主の利益を侵害する恐れがあると考えていました。

2018年7月の方針変更は、バークシャー・ハザウェイが多額のキャッシュを保有していて、株主からの還元要求が高まっていたことに応じた面もあります。その後、同社は図57のグラフが示すように、毎年のように自社株買いを実施しています。自社株買い金額は年次報告書（10K）に掲載されていたものです。

バフェットさんは株式を大量に保有しているアップルが多額の自社株買いをしていることも高く評価しています。図57のグラフにはアップルの自社株買い金額も併記しました。2021年版の「株主への手紙」ではアップルの自社株買いについて、次のように語っていました。

「アップル（年末の市場価格で評価すると、保険事業に次いで第2位の巨人）は、ひと味違った持ち株です。当社の出資割合は5・55％にすぎませんが、それでも前年の5・39％からは増加しました。小さなジャガイモが増えただけのように見えるかもしれません。しかし、アップルの2021年の利益の0・1％は1億ドルにも相当します。私たちが自らの資金を投じて出資比率を高めたのではありません。アップルによる自社株買いがなせるわざです」

かつては自社株買いの懐疑論者だったバフェットさんは、すっかり宗旨替えをしたようです。2022年版の「株主への手紙」には次のようなくだりがあります。「すべての自社株買いが株主や国にとって有害だとか、（多くの自社株を保有する）最高経営責任者を利するだけだなどというのだったら、あなたは経済に無知な人か、口先だけの扇動家の話を聞いていることになります」

筆者は自社株買いによる株価押し上げ効果にはちょっと疑問を持っています。米国には自社株買いに積極的な企業の株式だけを組み入れる株価指数がありますが、ベンチマークであるS&P500を上回るような値上がりを記録していないからです。「自社株買いは本来的には株価に中立」という投資理論もあります。しかし、バフェットさんは現実の体験から、自社株買いの効果を絶大と見ているようです。

一般の人にはインデックス投信

バフェットさんは一般の市民には個別株投資を勧めていません。2013年版の「株主への手紙」の一節はバフェット・ウオッチャーの間によく知られていますが、本書にも改めて書いておきたいと思います。

「私がここで皆さんに助言できることは、妻に宛てた私の遺言書に書き込んだ指示と本質的に同じです。（中略）現金の10％を短期国債に、90％を極めてコストの低いS&P500連動インデックス投信に入れてください。私はバンガードの投信をお勧めします。この運用による長期的な成果は、高給の運用担当者に運用を委託しているほとんどの投資家（年金基金、機関投資家、個人）が達成するものよりも優れたものになると信じています」

バフェットさんがこう語るのは、少なくとも2つの理由があるようです。

1つは、バフェットさんは事業家の目で企業を観察し、投資先を選別していますが、一般の人にはそのような観点からの銘柄選択が難しいと見ているからです。

もう1つは、統計的にアクティブ運用がインデックス運用に勝てないからです。2016年版の「株主への手紙」には「バークシャーの2005年の年次報告書で、私は運用の専門家によるアクティブ運用は、全体として、単にじっと座っているだけの素人投資家によって達成されるであろうリターンを、何年にもわたって下回る結果しか出せないだろうと主張しました」という一節があります。

そして実際に、2008年から2016年までの9年間、ヘッジファンドがインデックス投信を上回るリターンを出せるかどうかの賭けをした結果を公表しています。ファンドAは8・7％、ファンドBは28・3％、ファンドCは62・8％、ファンドDは2・9％、ファンドEは7・5％のリターンでした。

この間にS&P500に連動するインデックス投信の上昇率は85・4％だったとのことです。2005年版の年次報告書に記載した予言通りになったわけです。アクティブ運用は運用会社などに多額の運用報酬を徴収されるだけで、総合的なリターンはインデックス投信にかなわない。バフェットさんはこのことを「株主への手紙」などで繰り返し主張しています。

バフェットさんはもちろんアクティブ運用のかたまりのような人ですが、そのバフェットさんがインデックス運用のほうが効率的だと言っていることは、市場価格とは何かを考えるうえでも重要ではないかと思います。

アクティブ運用の価値はどこに

アクティブ運用はインデックス投信に勝てないといっても、全ファンドが勝てな

図58　株価指数に勝てたアクティブ運用の投信の割合

市場	過去1年	過去3年	過去5年	過去10年	過去15年
米国	48.92	25.73	13.49	8.59	6.60
カナダ	48.10	16.20	6.80	15.10	−
メキシコ	71.11	31.82	32.61	14.63	−
ブラジル	38.94	23.26	23.71	10.78	−
チリ	37.14	28.21	20.00	4.55	−
欧州	13.33	16.99	8.81	10.30	−
中東・北アフリカ	81.82	41.38	31.03	9.09	−
南アフリカ	52.50	54.63	50.24	30.22	−
インド	12.50	3.33	6.25	32.09	−
日本	32.24	22.77	9.60	18.06	−
オーストラリア	42.44	34.68	18.82	21.78	16.43

注：単位＝%。2022年12月末現在。網掛け部は過半が株式指数に勝ったケース
出所：S&Pダウ・ジョーンズ・インディシーズ

いわけではありません。米国の株価指数算出会社S&Pダウ・ジョーンズ・インディシーズは主要国のアクティブ運用投信のうち何パーセントが比較対象となる株価指数（ベンチマーク）の上昇率を上回ったかを継続的に集計し、公表しています。

２０２２年12月末現在の状況は図58の通りです。南アフリカの過去1年、過去3年、過去5年と、メキシコと中東・北アフリカの過去1年は運用成績がベンチマークを上回ったアクティブ運用投信の割合が過半を超えていましたが、米国、日本、欧州では運用年数にかかわらず、ベンチマークに負けたアクティブ運用投信が過半でした。

図59　国内株アクティブ投信の運用成績分布

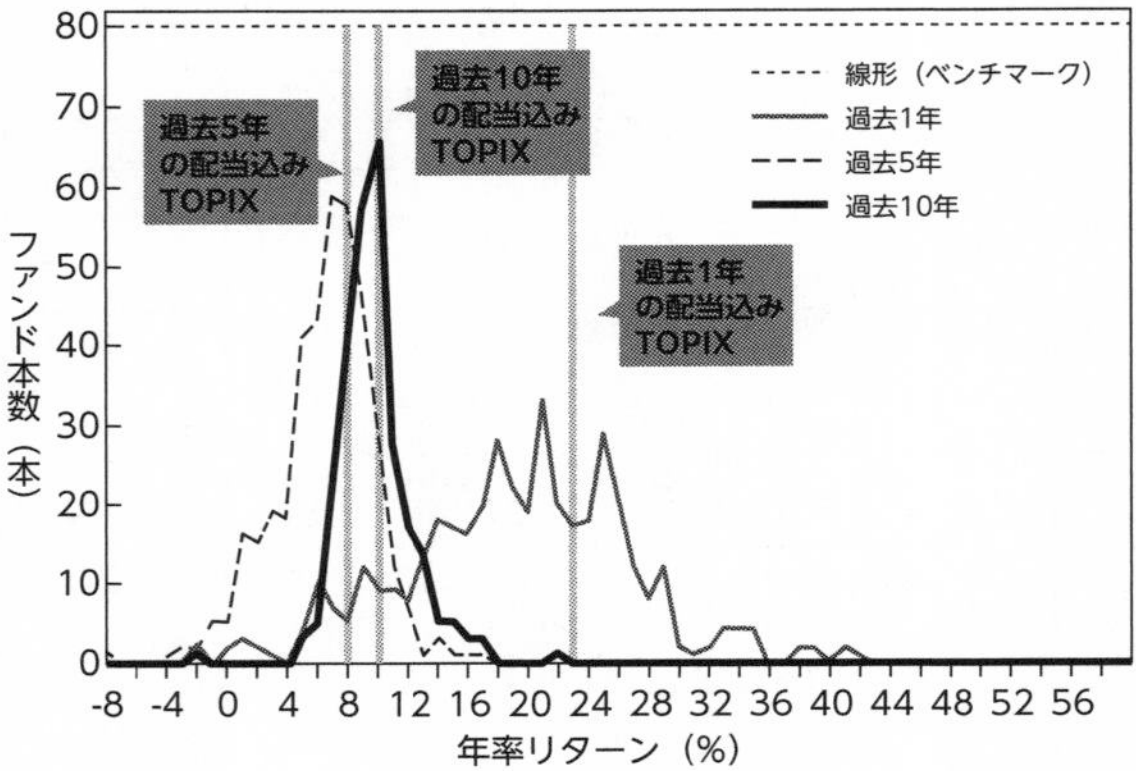

注：2023年7月末までの過去1、5、10年の年率リターン（税引き前分配金再投資ベース）。
対象は純資産総額10億円以上で通貨選択型を除くアクティブ運用投信421本
出所：QUICK資産運用研究所のデータをもとに作成

図59のグラフは日本株を対象にした投資信託の運用成績の分布です。筆者が作成したものですが、やはりアクティブ運用はインデックスになかなか勝てないことを示しています。

このことが何を意味しているのかは、本書の第8章（235ページ）で改めて分析しますが、過半がインデックス投信に負けても、アクティブ運用投信の存在意義がなくなったということはないようです。引き続き世界ではアクティブ運用投信が次々と市場に投入され、多くの投資家が購入しています。リターンを効率的に確保したいというニーズと別の需要があるように感じます。

バフェットさんが尊敬され、発言の片言隻句《へんげんせきく》に耳を傾けられるのは、バフェットさんがアクティブ運用の投資家だからなのだろうと考えています。データが入手できないため、1998年以前のバークシャー・ハザウェイの米国株ポートフォリオの収益率はわかりませんが、第4章（130ページ）で説明したように、1999年以降の収益率はS&P500と大差ありません。

しかし、もしバフェットさんがあれを買ったりこれを売ったりする投資家ではなく、S&P500に連動するインデックス投信を保有し続けるだけの存在だったら、誰も見向きもしないだろうと思います。インデックス投信はコストが低く、効率的であっても、魅力的ではないのです。

日本では2024年から少額投資非課税制度（NISA）が衣替えし、多くの人が使いやすくなるとともに、老後に向けての資産形成に役立つ仕組みになります。バフェットさんの株式投資や資産運用の姿勢から何を学んだらいいのか、最終の第

8章（230ページ）で説明したいと思います。

各種のランキングでは、年率リターンなど数字で測れるものしか比較の対象になりませんが、投資にはその先に人間の営みがあります。そんなものはどうでもよくて、ただ、金融商品として平均的なリターンで回ればいいのか、それとも「自分のお金を役立ててくれている人がいる」という納得感や満足感、さらに確率は低くても平均を大幅に上回ることがあるというワクワク感がほしいのか、お好みはどちらでしょうか。

第8章　新ＮＩＳＡにどう生かすか

20〜30代の投資参加者が増えている

証券市場のさまざまな統計を見ますと、個別株投資にしても投資信託への積立にしても、20〜30代の参加者が急速に増えています。２０１９年6月に金融庁の審議会が公表したいわゆる「老後２０００万円報告書」（正式には金融審議会市場ワーキング・グループの報告書「高齢社会における資産形成・管理」）の衝撃があまりに大きかったためでしょうか、消費を極力節約して、定期的な投信積立に回す若年層も多いようです。

つみたてＮＩＳＡは２０２４年から新ＮＩＳＡのつみたて投資枠に衣替えしますが、対象商品として最も人気があるのは、全世界株式に投資する低コストのインデックス投信です。バフェットさんは米国経済の成長力を強く信じていますから、主要米国企業を組み入れたＳ＆Ｐ５００に連動するインデックス投信を強く推していますが、全世界株式型でも考え方は同じです。日本の若年層はバフェットさんの教え通りに動いているともいえます。

新ＮＩＳＡの概要を金融庁のウェブサイトから写してきました。図60をご覧くだ

図60　新NISAの概要

	併用可	
	つみたて投資枠	成長投資枠
年間投資枠	120万円	240万円
非課税保有期間	無期限化	無期限化
非課税保有限度額（総枠）	1800万円 ※簿価残高方式で管理（枠の再利用が可能）	
		1200万円（内数）
口座開設期間	恒久化	恒久化
投資対象商品	長期の積立・分散投資に適した一定の投資信託 （現行のつみたてNISA対象商品と同様）	上場株式・投資信託等 （整理・監理銘柄、信託期間20年未満、毎月分配型の投資信託及びデリバティブ取引を用いた一定の投資信託を除外）
対象年齢	18歳以上	18歳以上
現行制度との関係	2023年末までに現行の一般NISA及びつみたてNISA制度において投資した 商品は、新しい制度の外枠で、現行制度における非課税処置を適用 ※現行制度から新しい制度へのロールオーバーは不可	

出所：金融庁ホームページ

さい。

つみたて投資枠は２０２３年までのつみたてＮＩＳＡに比べ、年間の投資枠は３倍の１２０万円になり、20年という積立期限もなくなりますので、20代の人でも60代や70代になるまで非課税で投資し続けることができます。ただ、残高の上限は、ほかの非課税投資をいっさいしない場合でも１８００万円ですから、そこは注意しておく必要がありそうです。

ただ、懸念されるのは、いくら人気がある商品だからといって、何十年もの積立期間中には２度や３度の株式相場の急落に見舞われる可能性が大きいことです。長く積み立てていれば、相場が急落しても、積立残高が投資元本を割ることは少ないかもしれませんが、急落前にあると思っていたものが3割減とか半分とかになってしまうのです。

急落時は落ち着いて対処を

全世界の株式を組み入れるインデックス投信の多くは、基準価額がMSCI全世界株指数の配当込み円ベース指数に連動するように設計されています。このタイプで最も人気がある投信の目論見書には過去5年分程度しか掲載されていませんでしたが、その指数の長期間の推移は図61のチャートの通りです。

月末値だけの比較ですが、過去の下落場面を振り返ると、リーマン・ショック前の2007年10月末から2009年2月末にかけては指数が61・4%下落しました。1998年7月末から2003年3月末にかけては38・4%下落しました。1989年12月末から1990年9月末にかけては27・0%下落しました。

生涯に数回は、こうした局面に直面しても不思議はありません。バフェットさん

図61　MSCI全世界株指数（配当込み、円ベース）

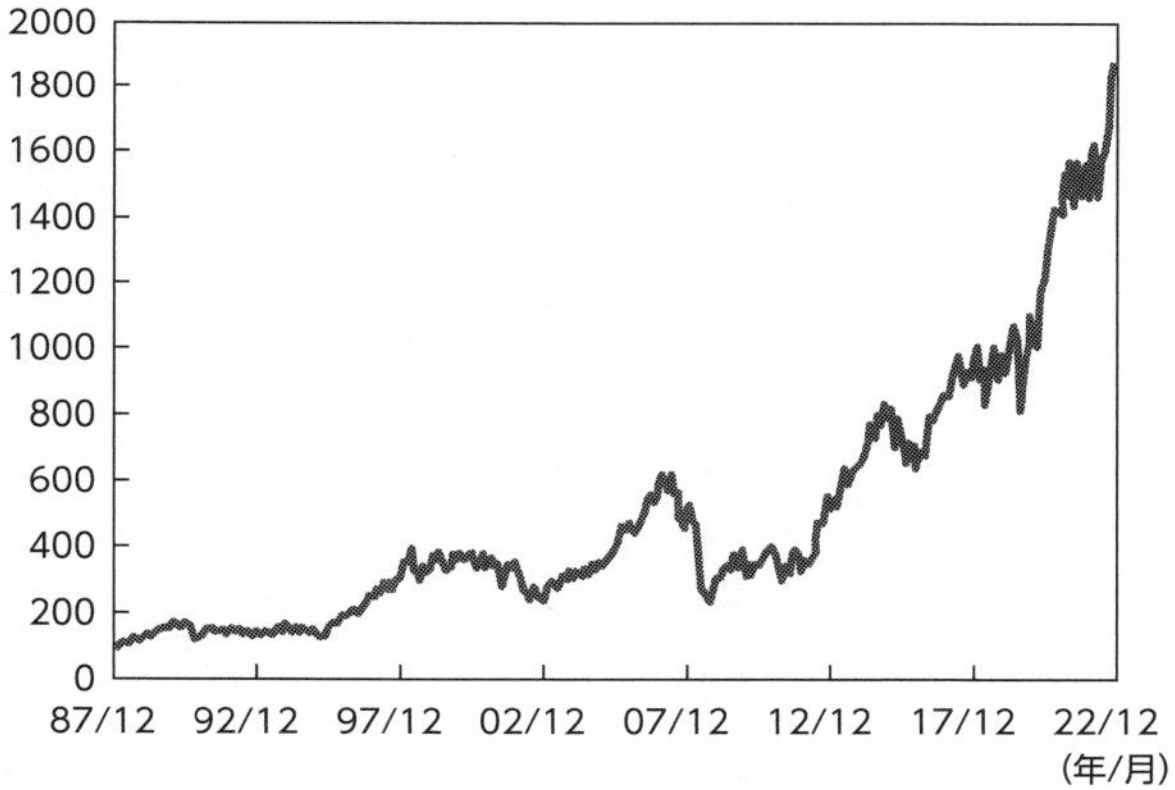

出所：MSCIホームページ

は指数連動型の投資をしているわけではありませんが、２００８年のリーマン・ショックをはさんで運用資産を大きく目減りさせたことがあります。２００７年12月末の米国株ポートフォリオの時価評価額は６８７億６８００万ドルでした。それが２００９年3月末には40・6％も少ない４００８億７１００万ドルになったのです。

後から振り返れば、株式相場の急落による痛手は一時的なもので、株式を持ち続けていれば、再び資産額はもとの水準を回復し、その後はさらに増えていったことが確認できます。しかし、下落して慌てている局面では、「もっと下がる」といった話もあちこちから出てきて、不安に駆られてしまうのです。

バフェットさんは決して慌てずに嵐が過ぎるのを待っていました。どうしていいかわからなくなった局面では、「こんなときにはバフェットさんがどう動いていたか」を思い起こし、落ち着いて対処するのが得策ではないかと思います。

ベテランも初心者もサルも平等

意外と見すごされていますが、バフェットさんは株式投資の成否など確率の産物にすぎないという考え方を強く持っているようです。有望銘柄をうまく当てれば儲かるのではないか、上手な人と同じようにやれば儲かるのではないかなどと考えている投資の初心者も多いようですが、それは間違いだというわけです。

もちろん、確率的にうまくいく人もいるでしょう。2016年版の「株主への手紙」には次のようなくだりがあります。

「多額の報酬に真に値するたぐいまれな運用のプロを探す作業をさらに複雑にして

いるのは、一部のアマチュアと同じように、一部のプロが偶然、運に恵まれることがあるためです。1000人のプロが年初に相場予測をすると仮定すると、そのうちの少なくとも1人は9年連続で正しい予測ができるでしょう。1000匹のサルがいれば、全知全能の預言者に見えるサルが同じ確率で出てくるのと同じことです。しかし、1つの違いがあります。幸運なサルは他人を道連れにして一緒に投資をしようとはしないことです」

この考え方をもっと平たくいえば、たぐいまれな運用のプロ以外は、投資に成功するかどうかは運に左右されるだけであって、専門的な銘柄研究の結果ではないということです。いくら投資の勉強をしても、儲かる確率が向上するわけではないと言い換えてもいいと思います。

インデックス投信一押しの理由

なぜバフェットさんが妻への遺言状や一般の人々へのアドバイスで、インデックス投信を一押ししているのかというと、単に個別株の選別投資をすることが難しいと考えているからではなく、人間による銘柄選別と、壁に新聞の相場表を張って、サルにダーツを投げさせて銘柄を選ぶのとでは、結果に差が出ないと考えているからでしょう。

「まさか」と思われるかもしれませんが、運用のプロが有望だと思われる銘柄を選んで運用しているアクティブ運用投信の過半が、リターンの点でインデックスに勝てないという統計的な事実は、人間とサルとに何ら差がないと言っていることと同じです。

たとえば、東証株価指数（TOPIX）という日本を代表する株価指数があります。日本国内で日本株投資を仕事としている運用のプロは、この指数よりも優れたリターンを確保しようと必死になっています。実際の計算はちょっと複雑なのですが、基本的には指数に組み入れている銘柄（大半は東証プライム上場企業）の時価総額に連動するように設計されています。

壁に張る新聞の相場表がただ銘柄名が並んでいるだけのものではなく、的の大きさが指数組み入れ企業の時価総額に比例するように描かれている相場表だとします。サルがダーツを何千回も何万回も投げて銘柄を選び、運用すれば、そのリターンはおそらくＴＯＰＩＸの上昇率と同じになるでしょう。

統計的には人間の運用のプロはＴＯＰＩＸに勝てないことがわかっています。正確にいえば、運用報酬を差し引く前ならばＴＯＰＩＸ並みのリターンが出せるかもしれませんが、運用報酬分は負けるということです。人間とサルとは変わらないというわけです。

それならば、バフェットさんも個別銘柄を選ばずに、インデックス運用をすればよかったのではないかというご指摘があるかもしれません。２０２０年版の「株主への手紙」でもこんなことを言っています。

「何はともあれ、株式の保有者になることは『プラスサム』のゲームです。Ｓ＆Ｐ５００のすべてをリストアップしたボードに50本のダーツを投げてポートフォリオを構築する忍耐強く冷静なサルは、最初の『選択』に変更を加えたくならない限り、時間の経過とともに配当とキャピタルゲインを享受するでしょう」

でもバフェットさんはダーツを投げるゲームには参戦しませんでした。きっと個別銘柄を選ぶ株式投資が好きだったのでしょう。成績は「『まあまあ』といえる水準にも達していませんでした」（2022年版の「株主への手紙」）とのことですが、それでもよい人生を送っていることは確かです。

成長投資枠の生かし方

2024年からの新NISAには「つみたて投資枠」のほかに「成長投資枠」があります。2023年までのNISAは個別株投資もできる「一般NISA」と、投資信託への積立専用の「つみたてNISA」のどちらか一方を選択しなければなりませんでした。新NISAでは口座を開く金融機関は1つに限られますが、両方を同時に活用できるのです。

成長投資枠の年間投資上限は240万円です。毎年、投資を続けていった場合、成長投資枠とつみたて投資枠を合わせて元本ベースで1800万円までの投資ができますが、成長投資枠だけの上限は1200万円までという決まりです。毎年上限の240万円ずつ投資をした場合には、5年でいっぱいになる計算です。

枠がいっぱいになりそうだったら、保有している個別株や投資信託の一部を売却すれば、翌年、年間投資上限の範囲内で、枠がいっぱいになるまで、投資をすることができます。この点は２０２３年までのＮＩＳＡと大きく異なります。これまでは売却しても投資枠は復活しませんでした。これからはリサイクルができます。

成長投資枠はつみたて投資枠と同じように使えますから、つみたて投資枠で選んだ投資信託と同じものを１８００万円の生涯投資枠がいっぱいになるまで積み立てることも可能です。実際、このように積立投資をするのが一番効率的だと助言する投資アドバイザーもいます。

個別株投資に振り向けるのも1つの手法です。バフェットさんだって他人にはインデックス投信を勧めても、自分では「これは」と思う企業に投資をしています。自分のお金を投じるわけですから、愛着のある企業や応援したい企業の株主になり、業績などのニュースをチェックしたり、株主総会に出席して経営トップの生の声を聞いたりするのは、リターンとは別の面白さがあるでしょう。

「個別株投資なんて、情報を多く扱えるプロの投資家の餌食になってしまうだけではないか」という心配をする人もいるでしょう。しかし、プロでも市場平均の株価指数には勝てないのです。初心者だから下手で、ベテランだから上手だということもありません。確率的には誰であろうが、勝つチャンスも負けるチャンスも同じように広がっています。

ただ、損失が出た場合の受け止め方などは初心者とベテランとでは異なるかもしれません。「下手だから負けた」などと考えると、落ち込んでしまい、2度とやろうとは考えないかもしれません。宝くじが外れても落ち込まないのと同様、確率の産物で、今回は運が悪かったと受け止めるのが大切ではないでしょうか。

ドルコスト平均法のリスク

全世界株指数に連動する投資信託などは信託報酬と呼ぶ手数料を大幅に引き下げる動きもあり、ますます若年層の資金を集めるのではないかという予想も聞かれます。リスクを認識し、余裕資金の範囲で取り組む限りは別に悪いことではないと思いますが、1つの投資信託に積立投資を続けるリスクについては、頭の片隅に入れておくべきです。

投資信託の積立は一般に毎月1回など定期的に同じ金額ずつ、選定した投資信託を買い増していくことになります。こうした買い方は「等金額投資」、あるいは「ドルコスト平均法」と呼ばれ、賢い手法だと紹介されることが多いです。確かに、投資する金額が毎月一定ならば、相場が安いときには大量に、相場が高いときには少量だけ買うことになりますから、平均買いコストが低下します。

ただ、こうしたかたちで1つの投資信託を買い続けることにはいくつかのリスクがあることを忘れてはなりません。

第1に、投資信託そのものが数多い銘柄への分散投資であるとはいえ、組み入れている株式をばらばらに売却できるわけではありませんので、結局、成否は換金をしなければならないときの投資信託の基準価額の水準に左右されてしまいます。

第2に、家計のポートフォリオ全体を見た場合に、1つの投資信託にお金が集中しすぎる恐れがあるということです。投資信託の積立以外に、さまざまな金融商品を保有していれば、将来、物入りになったときに状況に応じて何を換金するか選択できますが、もっぱら金融資産が1つの投資信託に偏っていると、できることが限られてしまいます。

第3に、インデックス型の投資信託は運用会社から運用状況などが定期的に報告されるものの、基本的に結果を受け入れるだけの受け身の投資であって、投資を通じて何かを学ぶということにはあまり役立ちません。もっぱら投資信託の購入目的はリターンの追求であって、リターンが確保できないのならば、何のために保有しているかわからなくなります。

第4に、これは好き嫌いの問題ではありますが、個別株投資などに比べて総じて退屈です。何十カ月も積立を続けた後、また1カ月分の資金を投じるとしても、買いコストが大きく変わるわけではなく、ドルコスト平均法のメリットなどほとんど感じられなくなります。基準価額が上がるかどうかだけが関心事になってしまうでしょう。

投資にはうまいも下手もないでしょうが、好きでもなく、得意さも感じられないのでしたら、無理に取り組む必要はないと思います。金融商品の価格変動に一喜一憂するような生活はご免だと考える人も、距離を置いていいでしょう。ただ、投資活動から何かを得て、人生の経験値を高めたいと考えるのでしたら、個別株投資にも取り組んだほうが効果的ではないでしょうか。

始まった顧客の囲い込み。用意周到に取り組もう

２０２４年から新ＮＩＳＡが始まりますから、２０２３年の秋口からはさまざまな金融機関が顧客の囲い込みのために、ＰＲ合戦を繰り広げています。口座を開設できるのは１つの金融機関だけです。年が変われば、金融機関を変えることができるとはいえ、手続きは面倒ですから、ずっと同じところで取引をする人が多いと思われます。

新ＮＩＳＡの生涯投資上限は１８００万円です。金融機関側から見れば、ＮＩＳＡ口座を開いてもらえば、将来は１８００万円の資産を預かれる顧客になる期待が持てます。ＮＩＳＡ以外の取引に発展する可能性もあります。

逆にいえば、既存の顧客であってもＮＩＳＡの口座を開設してもらえなかった場

合、取引の多くはＮＩＳＡ口座を開設した金融機関に寄せられてしまう可能性があります。年間投資上限は夫婦２人の世帯ならば２倍の７２０万円になりますから、普通の家計の資産運用の受け皿としては十分すぎます。わざわざＮＩＳＡ口座を開かなかった金融機関の課税口座で取引をする動機がありません。

ただ、一人ひとりの個人は資産形成には用意周到で臨むべきです。まずは金融機関の選択です。若い人ならば、わからないことがあれば何でもインターネットで調べられるでしょうから、ＮＩＳＡ口座を開く先は大手オンライン証券の一択でしょう。個別株投資も投信の積立もできますし、外国株やミニ株、ロボアドなどさまざまなメニューが用意されています。ミニ株を含む国内株の売買手数料を無料にするなどして、激しく口座獲得を競っていますので、サービスを比較し、気に入ったところで取引をするのがいいと思います。

対面営業の証券会社でも個別株投資や投信の積立ができますが、品ぞろえや手数料の点で見劣りするのではないかと思います。ただ、店頭でのアドバイスが受けられることはメリットでしょう。銀行も口座獲得に力を入れているところがありますが、個別株投資ができないことは頭に入れておく必要がありそうです。

このほか直販主体の独立系投信会社や、ロボアド専業業者などもＮＩＳＡ口座の獲得に力を入れています。ただ、１金融機関１口座ですから、限られた商品やサービスしか提供できないところにＮＩＳＡ口座を開くと、ほかの金融機関では課税取引しかできなくなります。ロボアドの一部は新ＮＩＳＡに対応できないとの情報もあります。それを承知のうえで口座を開くことが必要です。

生涯の金融取引に発展する可能性がありますから、経営状態がよく、信用ができて、必要とする商品やサービスの提供に熱心な金融機関にＮＩＳＡ口座を開設すべきです。スタート段階で判断を誤らないようにしたいものです。

投資で無理をしない

ＮＩＳＡを通じて初めて証券会社と取引をするという人も多いのではないかと思います。銀行との取引も預金の窓口ではなく、投資サービスの窓口が担当になるでしょう。生涯を通じてのつきあいになるかもしれませんので、しっかり顧客のほうを向いている優れた金融機関を選ぶことが何よりも大切です。これはどんな投資をするか、どんな金融商品を買うか以上に大切だといってもいいかもしれません。

株式や投資信託などのリスク商品を販売するビジネスは、情報の非対称性といって、顧客の側はあまり知識や情報がなく、売り手の金融機関が大量の情報を持っているのが普通です。2023年にも金融商品の販売をめぐる不祥事がありましたが、顧客よりも自社の利益を優先する金融機関はなお多く、しっかりしていないとどんな金融商品を売りつけられるかわかりません。

人生には老後の生活だけでなく、住宅購入、子どもの教育など多額のお金がかかるイベントがいくつかあります。それに備えて投資信託への積立投資をしておきたくなるのもわかります。しかし、日々の生活もありますから、決して無理をしてはいけません。

毎月の積立額をねん出するために、家計のほうが火の車となり、クレジットカードはリボルビング払いで決済しているという話を聞いたこともあります。積立投資のためにリボの金利を払うのは賢い家計運営とはいえません。

ぎりぎりで投資をしていると、お金が必要になったときに、不本意なタイミングで換金をしなければならない状態に追い込まれる可能性もあります。せっかく長年、積み立てたのに、株価が下落し、投資信託の基準価額が下がった局面で換金をするなんて、何をしているのかわからないような話です。

投資にのめり込むのも避けるべきです。特に株式の信用取引や外国為替証拠金取引（FX）など、投資元本の何倍ものお金を張る取引は、相場が急変した場合に、金融機関に差し入れている委託保証金や証拠金だけでは損失を埋め切れず、市場から退場した後も何十年にもわたって損失分を返済しなければならない状況に陥ることがあります。

1987年のブラックマンデー（暗黒の月曜日）も、1990年のバブル崩壊も経験していない若年層が積極的に株式市場に参入しています。市場取引は甘くありません。不用意なことでつまずかないようにお祈りして、本文を終えます。

あとがき

バフェットさんは一般の人々に個別株投資を勧めているわけではありません。これまでに投資した銘柄の過半は、値上がり率がS&P500を下回りますし、数年に1度実施する「大きな決断」も常に成功しているわけではありません。最近の良好なリターンもアップルがあればこそ。もし2016年にアップルを「発見」していなかったら、運用ポートフォリオは相当、悲惨な状態だったと思われます。

それでも毎年の「株主への手紙」では株式投資の魅力をさまざまなかたちで語っていて、世界中の何万人ものバフェットファンが耳を傾けています。

「上場株投資のよい点の1つは、素晴らしいビジネスの一部を素晴らしい価格で簡単に購入できることです。株式は高値と安値の両方で本当に愚かな価格で取引されることが多いと理解することが重要です。『効率的な』市場は教科書のなかに存在するだけです。市場性のある株式や債券の値動きは不可解であり、後でそうだった

のかとわかるだけです」（2022年版）
「バラ色の予測は警告付きです。明日の株価に何が起きるかはわかりません。ときには市場は50％、あるいはもっと大幅に下落する可能性があります。しかし、私が昨年書いた『アメリカの追い風』と複利効果の驚異の組み合わせにより、感情をコントロールでき、借金による投資をしない個人にとって、株式は長期的には極めて優れた選択肢になります」（2019年版）
「過去50年間の経験から導き出される意外だが不可避な結論は、価値が米国の通貨に結びついている証券（たとえば国債）に投資するよりも、多様な米国企業の集まりに投資するほうがはるかに安全だったということです。（中略）ボラティリティーはリスクと同義ではありません。2つの用語を同一視する一般的な公式は学生、投資家、企業経営者に誤解を与えます」（2014年版）
バフェットさんは常に世間の常識や既成概念を疑い、自分の目や耳を信じて行動しているようです。2023年4月に太平洋を渡って日本にわざわざやってきたのも、何かを確かめたかったのでしょう。人生のリスクは株式相場の変動だけではありません。バフェットさんがどんな銘柄を選んだかなどは二の次の話です。投資家、いや日本人がバフェットさんから学ぶべきことは、自分の頭で考え、行動する姿勢ではないでしょうか。

本書は宝島社から要請があり、猛暑が続く2023年8月に集中的に書き上げました。8月14日に公表されたバークシャー・ハザウェイの6月末時点の保有銘柄報告書(13F)を踏まえていますので、最新の状況まで盛り込めたと考えています。よくバフェットさんは「割安株の長期投資家」といわれますが、データを分析すると、もっと多様で複雑な人物像が浮かび上がります。銘柄選択においては「人間はサル並み」と考えています。

筆者はバークシャー・ハザウェイが提出した過去99本の保有銘柄報告書を表計算ソフトに落とし込み、さまざまな分析をしています。本書では分析の過程を詳しく紹介することができました。8月末現在の米国株ポートフォリオの時価保有額は3391億ドル、これまでの累計利益は実現益と評価益を合わせて2260億ドル、うち1432億ドルがアップルから生み出されたものです。
本当にたぐいまれな手腕を持っているのか、単に運が強いだけなのかは謎です。

2023年8月　マーケットエッセンシャル主筆・前田昌孝

著者略歴

前田昌孝（まえだ・まさたか）
証券ジャーナリスト。1979年、東京大学教養学部卒業後、日本経済新聞社に入社。記者として産業部、神戸支社を経て84年より証券部、91～94年に米ワシントン支局に勤務。証券部編集委員、日経ヴェリタス編集部編集委員、日本経済研究センター主任研究員、日本経済新聞社編集委員などを経て、2022年2月に証券ジャーナリストとして独立。現在は週刊メディアの『マーケットエッセンシャル』を創刊して主筆に。著書に『株式市場の本当の話』『株式投資2023』『深掘り! 日本株の本当の話』（いずれも日経プレミアシリーズ）ほか多数。

編集／宮下雅子、大竹崇文
DTP、図版制作／G-clef

宝島社新書

バフェット解剖
世界一の投資家は長期投資ではなかった
(ばふぇっとかいぼう　せかいいちのとうしかはちょうきとうしではなかった)

2023年10月24日　第1刷発行

著　者　前田昌孝
発行人　蓮見清一
発行所　株式会社宝島社
〒102-8388 東京都千代田区一番町25番地
電話：営業　03(3234)4621
編集　03(3239)0646
https://tkj.jp
印刷・製本　中央精版印刷株式会社

ISBN 978-4-299-04753-3